Gerechter Frieden

Reihe herausgegeben von
Ines-Jacqueline Werkner
Forschungsstätte der Evangelischen
Studiengemeinschaft e. V.
Heidelberg, Deutschland

Sarah Jäger
Forschungsstätte der Evangelischen
Studiengemeinschaft e. V.
Heidelberg, Deutschland

„Si vis pacem para pacem" (Wenn du den Frieden willst, bereite den Frieden vor.) – unter dieser Maxime steht das Leitbild des gerechten Friedens, das in Deutschland, aber auch in großen Teilen der ökumenischen Bewegung weltweit als friedensethischer Konsens gelten kann. Damit verbunden ist ein Perspektivenwechsel: Nicht mehr der Krieg, sondern der Frieden steht im Fokus des neuen Konzeptes. Dennoch bleibt die Frage nach der Anwendung von Waffengewalt auch für den gerechten Frieden virulent, gilt diese nach wie vor als Ultima Ratio. Das Paradigma des gerechten Friedens einschließlich der rechtserhaltenden Gewalt steht auch im Mittelpunkt der Friedensdenkschrift der Evangelischen Kirche in Deutschland (EKD) von 2007. Seitdem hat sich die politische Weltlage erheblich verändert; es stellen sich neue friedens- und sicherheitspolitische Anforderungen. Zudem fordern qualitativ neuartige Entwicklungen wie autonome Waffensysteme im Bereich der Rüstung oder auch der Cyberwar als eine neue Form der Kriegsführung die Friedensethik heraus. Damit ergibt sich die Notwendigkeit, Analysen fortzuführen, sie um neue Problemlagen zu erweitern sowie Konkretionen vorzunehmen. Im Rahmen eines dreijährigen Konsultationsprozesses, der vom Rat der EKD und der Evangelischen Friedensarbeit unterstützt und von der Evangelischen Seelsorge in der Bundeswehr gefördert wird, stellen sich vier interdisziplinär zusammengesetzte Arbeitsgruppen dieser Aufgabe. Die Reihe präsentiert die Ergebnisse dieses Prozesses. Sie behandelt Grundsatzfragen (I), Fragen zur Gewalt (II), Frieden und Recht (III) sowie politisch-ethische Herausforderungen (IV).

Weitere Bände in der Reihe
https://link.springer.com/bookseries/15668

Hendrik Stoppel · Christian Polke
(Hrsg.)

Pluralität und Pluralismus in der evangelischen Friedensethik

Grundsatzfragen • Band 5

Hrsg.
Hendrik Stoppel
Forschungsstätte der Evangelischen
Studiengemeinschaft
Heidelberg, Baden-Württemberg
Deutschland

Christian Polke
Theologische Fakultät
Georg-August-Universität
Göttingen
Göttingen, Niedersachsen
Deutschland

ISSN 2662-2726　　　　　　　　ISSN 2662-2734 (electronic)
Gerechter Frieden
ISBN 978-3-658-35737-5　　　　ISBN 978-3-658-35738-2 (eBook)
https://doi.org/10.1007/978-3-658-35738-2

Die Deutsche Nationalbibliothek verzeichnet diese Publikation in der Deutschen Nationalbibliografie; detaillierte bibliografische Daten sind im Internet über http://dnb.d-nb.de abrufbar.

© Der/die Herausgeber bzw. der/die Autor(en), exklusiv lizenziert durch Springer Fachmedien Wiesbaden GmbH, ein Teil von Springer Nature 2022, korrigierte Publikation 2022
Das Werk einschließlich aller seiner Teile ist urheberrechtlich geschützt. Jede Verwertung, die nicht ausdrücklich vom Urheberrechtsgesetz zugelassen ist, bedarf der vorherigen Zustimmung des Verlags. Das gilt insbesondere für Vervielfältigungen, Bearbeitungen, Übersetzungen, Mikroverfilmungen und die Einspeicherung und Verarbeitung in elektronischen Systemen.
Die Wiedergabe von allgemein beschreibenden Bezeichnungen, Marken, Unternehmensnamen etc. in diesem Werk bedeutet nicht, dass diese frei durch jedermann benutzt werden dürfen. Die Berechtigung zur Benutzung unterliegt, auch ohne gesonderten Hinweis hierzu, den Regeln des Markenrechts. Die Rechte des jeweiligen Zeicheninhabers sind zu beachten.
Der Verlag, die Autoren und die Herausgeber gehen davon aus, dass die Angaben und Informationen in diesem Werk zum Zeitpunkt der Veröffentlichung vollständig und korrekt sind. Weder der Verlag noch die Autoren oder die Herausgeber übernehmen, ausdrücklich oder implizit, Gewähr für den Inhalt des Werkes, etwaige Fehler oder Äußerungen. Der Verlag bleibt im Hinblick auf geografische Zuordnungen und Gebietsbezeichnungen in veröffentlichten Karten und Institutionsadressen neutral.

Planung/Lektorat: Jan Treibel
Springer VS ist ein Imprint der eingetragenen Gesellschaft Springer Fachmedien Wiesbaden GmbH und ist ein Teil von Springer Nature.
Die Anschrift der Gesellschaft ist: Abraham-Lincoln-Str. 46, 65189 Wiesbaden, Germany

Inhaltsverzeichnis

Pluralität und Pluralismus in der evangelischen Friedensethik   1
Hendrik Stoppel

Zwischen Erwählung und elektoralem Vorteil   19
Reiner Anselm

Öffentliche Theologie, Pluralität und Pluralismus in der Friedensfrage   35
Torsten Meireis

Eine einheitliche Stimme für den Frieden?   51
Christian Polke

Pluralismus in der Friedensethik – Legitimität und Grenzen   77
Thomas Hoppe

Kirche der Gewissen oder das Gewissen der Kirche? 101
Christine Schliesser

Adressaten kirchlicher Kundgebungen 123
Sarah Jäger

Die Adressaten sozialethischer Stellungnahmen 145
Klaus Ebeling

Ethischer Pluralismus und die Friedensfrage 173
Christian Polke

Erratum zu: Ethischer Pluralismus und die Friedensfrage E1

Autorenverzeichnis

Reiner Anselm, Prof. Dr. theol. Professor für Systematische Theologie und Ethik an der Ludwig-Maximilians-Universität München und 2016–2021 Vorsitzender der Kammer für Öffentliche Verantwortung der Evangelischen Kirche in Deutschland.

Klaus Ebeling ehemaliger Projektleiter am Institut für Theologie und Frieden in Hamburg und Lehrbeauftragter am Wirtschafts- und Sozialwissenschaftlichen Fachbereich der Universität Potsdam.

Thomas Hoppe, Prof. Dr. theol. Professor für Katholische Theologie unter besonderer Berücksichtigung der Sozialwissenschaften und der Sozialethik an der Helmut-Schmidt-Universität, Universität der Bundeswehr Hamburg.

Sarah Jäger, Juniorprof. Dr. theol. Juniorprofessorin (tenure track) für Systematische Theologie/Ethik an der Friedrich-Schiller-Universität Jena.

Torsten Meireis, Prof. Dr. theol. Professor für Systematische Theologie mit dem Schwerpunkt Ethik und Hermeneutik an der Theologischen Fakultät der Humboldt-Universität zu Berlin sowie Direktor des Berlin Institute for Public Theology.

Christian Polke, Prof. Dr. theol. Professor für Ethik im Rahmen der Systematischen Theologie an der Theologischen Fakultät der Georg-August-Universität Göttingen.

Christine Schliesser, PD Dr. theol. Privatdozentin für Systematische Theologie an der Universität Zürich, Studienleiterin am Zentrum für Glaube und Gesellschaft an der Universität Fribourg und Research Fellow am Chair for Historical Trauma and Transformation, Universität Stellenbosch, Südafrika.

Hendrik Stoppel, Dr. theol. Wissenschaftlicher Mitarbeiter an der Forschungsstätte der evangelischen Studiengemeinschaft e. V. in Heidelberg.

Pluralität und Pluralismus in der evangelischen Friedensethik
Eine Einführung

Hendrik Stoppel

„Der moralische Pluralismus in Sachen Krieg und Frieden ist (derzeit) eine Tatsache" (Lienemann 2019, S. 41).

1 Einleitung

Wolfgang Lienemann trifft diese Feststellung in seiner Auseinandersetzung mit den Heidelberger Thesen von 1959 mit ihrem Fokus auf die Frage nach der nuklearen Abschreckung. Natürlich geht der Bereich der Themen im (kirchlichen) Friedensdiskurs, in dem eine Pluralität an

---

H. Stoppel (✉)
Forschungsstätte der Evangelischen Studiengemeinschaft, Heidelberg, Baden-Württemberg, Deutschland
E-Mail: hendrik.stoppel@fest-heidelberg.de

© Der/die Autor(en), exklusiv lizenziert durch Springer Fachmedien Wiesbaden GmbH, ein Teil von Springer Nature 2022
H. Stoppel und C. Polke (Hrsg.), *Pluralität und Pluralismus in der evangelischen Friedensethik*, Gerechter Frieden, https://doi.org/10.1007/978-3-658-35738-2_1

Standpunkten festzustellen ist, über diesen einen Aspekt hinaus. Als Problem von tatsächlich weltbewegender Tragweite zeigen sich an ihm aber in herausragender Weise die grundlegenden Probleme eines „moralische[n] Pluralismus", wenn es zu einer Frage der Kirche wird. Dabei setzt die Formulierung „Pluralismus" bereits den Willen und die Absicht voraus, die vorzufindende Pluralität, also Vielfalt, an Standpunkten miteinander in Beziehung zu setzen (vgl. Rendtorff 1995, S. 22).

Die Friedensdenkschrift der EKD von 2007 vertritt die Position, dass „die Drohung mit Nuklearwaffen *heute nicht mehr* als Mittel legitimer Selbstverteidigung betrachtet werden" (EKD 2007, Ziff. 162) kann und die Kundgebung der Synode 2019 bekräftigt diese Position. Diese eindeutig scheinende Aussage wird in der Folge begründet (EKD 2007, Ziff. 163), aber auch durch Gegenargumente konterkariert: Für eine klar widersprechende Position bleibt die nukleare Abschreckung eben doch „gültiges Prinzip" (EKD 2007, Ziff. 164).

Die Formulierung „*heute nicht mehr*" bezieht sich explizit auf die Formulierung der achten Heidelberger These, nach der „die Beteiligung an dem Versuch, durch das Dasein von Atomwaffen einen Frieden in Freiheit zu sichern, als eine *heute noch* mögliche christliche Handlungsweise" (zit. nach Lienemann 2019, S. 15; Hervorh. d. Verf.) anerkannt werden kann. Diese Anerkennung steht gleichberechtigt neben jener, dass „Waffenverzicht als eine christliche Handlungsweise" zu gelten hat. Die Zuordnung der beiden Positionen geschieht hier also nicht in der Subsumption der einen unter die andere, sondern in einer Gleichstellung beider, die als „komplementäres Handeln" notwendig aufeinander bezogen wird (vgl. Lienemann 2019, S. 30). Komplementär sind beide Handlungsweisen als von den jeweils einzelnen Soldatinnen und Soldaten zu treffende

Gewissensentscheidungen. Diese Adressierung fehlt in der Friedensdenkschrift von 2007, hier scheint es sich um eine kirchliche „Lehrentscheidung" zu handeln, ohne dass aber die Frage des Status der Aussagen geklärt oder nur thematisiert würde (vgl. Mielke 2018, S. 39).

2 Pluralität in der Geschichte der Kirche

Liegt also darin der Unterschied, der den unterschiedlichen Umgang mit konträren Positionen begründet? Eindeutigkeit in „Lehraussagen", aber eine Bandbreite an akzeptablen Standpunkten für die jeweilige Entscheidung des Einzelnen? Diese einfache Aufteilung auf voneinander zu unterscheidende Geltungsbereiche ist allerdings nicht durchzuhalten. Aus protestantisch-theologischer Sicht ist das Gewissen nicht nur der Ort der jeweils individuell zu verantwortenden Entscheidung, sondern der besondere Ort, an dem der Glaube sich in den Einzelnen festmacht und Konsequenzen in dessen eigenem Handeln einfordert. Die Kirche als Glaubensgemeinschaft kann also keine Glaubensaussagen als Ganzes treffen, ohne den einzelnen Gläubigen aufzufordern, sein Gewissen dazu ins Verhältnis zu setzen. Und der Einzelne als Teil der Glaubensgemeinschaft kann keine Gewissensentscheidung treffen, ohne sich wiederum selbst in Relation zu solchen Glaubensaussagen zu sehen – in beiden Fällen ist dieses Verhältnis natürlich zustimmend wie ablehnend denkbar.

Im Zuge der letzten großen Diskussion über die Pluralität innerhalb der Kirche, die sich in den 1980er Jahren an der Anti-AKW-Bewegung und sexualethischen Fragen entzündete, schrieb Gerhard Ruhbach (1987, S. 66), dass angesichts der natürlichen Unterschiedlichkeit von

Christen als Menschen „niemals der eine Christ dem anderen sein Christsein absprechen" dürfe, solange „man im entscheidend Christlichen eins" sei. Das ist aber nur eine scheinbare Lösung des Problems. Denn was man für das „entscheidend Christliche[…]" hält, ist eben doch von entscheidender Bedeutung dafür, wie man das „Christsein" des jeweils anderen einschätzt. Und so kann man der von Wolfgang Lienemann referierten Behauptung von 1959, die Frage der nuklearen Abschreckung betreffe den Kern des Glaubens, sei also *status confessionis*,[1] kritisch gegenüberstehen. Dies aber eben auch nur aufgrund einer eigenen Einschätzung dessen, was in den Bereich der natürlichen Unterschiedlichkeit falle und worüber Einigkeit herrschen müsse.

2.1 In der Alten Kirche

Eine Pluralität von Standpunkten auch in Fragen, die von einer oder mehreren Seiten für Kernfragen des Glaubens gehalten werden, ist beileibe keine neue Erscheinung, sondern bereits Teil der neutestamentlichen Berichte über die Gemeinde der ersten Generation von Christen. So berichtet Apg 15 von einem Konzil der Apostel zur Frage, wie die zunehmende Zahl von „Heidenchristen" in die bislang hauptsächlich aus dem Judentum hervorgegangene Gemeinde integriert werden sollten. Zwar wird das Erreichen der Einmütigkeit im Heiligen Geist möglicherweise etwas idealisiert erzählt, aber der energische Austausch der verschiedenen Argumente für den jeweils eigenen Standpunkt wird nicht unter den Tisch fallen gelassen.

---

[1] D. h. eine Aussage, in der Übereinstimmung herrschen muss, um sich als Teil ein- und derselben Glaubensgemeinschaft betrachten zu können.

Die Kirchengeschichte lässt sich – auch – als ein ewiger Fortgang solcher Klärungsprozesse schreiben. Neben dem offensichtlich rein verbalen „Schlagabtausch" in Jerusalem und bei vielen der unzähligen solcher Konzilen, die noch folgen sollten, treten gelegentlich auch ganz handfeste (beziehungsweise knüppelharte) Auseinandersetzungen zwischen Mönchstruppen wie bei der Räubersynode 449 in Ephesus.

Theologisch Interessierten leuchten wahrscheinlich viele der in der Alten Kirche zu klärenden Fragen auch heute noch als unmittelbare Kernfragen des Glaubens ein, wenn es zum Beispiel um die Dreieinigkeit Gottes oder die Göttlichkeit und Menschlichkeit Jesu geht. Die daraus entstandenen Bekenntnisse haben bis heute für die meisten christlichen Kirchen und Gemeinschaften ihre Gültigkeit behalten. Ebenfalls aus heutiger Perspektive können aber auch die Details der Aushandlungen als reine Diskussionen um sich kaum unterscheidende Formulierungen erscheinen. Und auch diese Sicht hat ihre Berechtigung, ging es doch an vielen Stellen nicht um den Kern des Glaubens, sondern darum, wie dieser jeweils in die Sprache und Begrifflichkeiten damaliger philosophischer Schulen zu übersetzen sei. Und schließlich erscheinen uns viele Fragen als rein (kirchen-)politisch motiviert. Dennoch wurden viele der Vertreter der Positionen, die sich nicht durchsetzen konnten, mit dem *Anathema,* dem Ausschluss aus der Kirche, belegt. Die Frage danach, was Kern und was offenere Konsequenz des Glaubens sei, ist also ebenfalls beileibe keine neue.

2.2 In den Kirchen der Reformation

Von den vielen gegenseitigen „Verdammungen" der Kirchengeschichte sind für die protestantische Kirche die am bedeutendsten, die im Zuge der Reformation zur Trennung der reformierten und lutherischen Kirchen von der römisch-katholischen Kirche und der folgenden Konfessionalisierung ausgesprochen wurden. Auch dabei wurde um den Kern des Glaubens gestritten. Zwischen den protestantischen Kirchen insgesamt und der römisch-katholischen ist inzwischen weithin ‚Tauwetter' eingetreten, ohne dass die Trennung hätte aufgehoben werden können. Die Trennung zwischen den reformierten und lutherischen Kirchen dagegen ist in der Nachkriegszeit so grundlegend überwunden worden, dass sie vielen Kirchenmitgliedern gar nicht mehr bekannt sein dürfte. Dabei wurden die Unterschiede als so gewichtig empfunden, dass die Ablehnung des jeweils anderen ins eigene Bekenntnis und damit in die eigene Identitätsbildung aufgenommen wurde.

In den drei Punkten, die seit der Reformation als kirchentrennend empfunden wurden – in den Fragen des Abendmahls, der Christologie und der Prädestination – wird jeweils festgestellt, dass „die Verwerfungen der reformatorischen Bekenntnisse nicht den Stand der Lehre dieser Kirchen" (GEKE 2013, Ziff. 26) betreffen. Dies kann vor der jeweils vorausgehenden Betonung gemeinsamer Lehrsätze geschehen. Jan Gross (2018, S. 72 f.) beschreibt die angewandte Methode als „proiectum und processus, das heißt als bereits vorausgeworfene Einheit im Glauben und darauf bezogene, fortwährend zu explizierende Gemeinschaft". Dahinter steht eine grundlegende Unterscheidung in „grundlegendes Zeugnis und [...] geschichtlich bedingte Denkformen" (Gross 2018, S. 142). Der Text und der Aufbau der Konkordie macht aber deutlich, dass die inhaltliche „Einheit" keine Voraussetzung dieses Prozesses ist, sondern erst in dessen Verlauf entstehen konnte. Sie musste erst „gefunden" werden – durch einen „Abgleich" der jeweiligen Lehren. Eine andere Art von Einheit jedoch ist tatsächlich vorausgesetzt, eine gemeinsame Genealogie von der Reformation her. Ihre inhaltliche Füllung ist genau das von Gross angeführte „Projekt".

Durch die ganze Kirchengeschichte lässt sich also zeigen, dass die Unterscheidung zwischen zentralen und nachrangigen Glaubensinhalten und praktischen Vollzügen nie einfach als Lösung für Differenzen herangezogen werden konnte, sondern diese Verhältnisbestimmung selbst immer Teil der Aushandlung sein musste.

Das gilt auch und möglicherweise besonders für die Unterscheidung einer kritisierten „Politisierung" der Kirche und deren „geistlichen" Kern. Davon abgesehen, dass der Vorwurf der Politisierung gerne nur auf die von der eigenen abweichenden Meinung bezogen wird, ist schon diese Unterscheidung zwischen „geistlich" und „politisch" selbst wieder eine, über die Differenzen bestehen, so starke sogar, dass sie in der angesprochenen Leuenberger Konkordie als bleibender Unterschied benannt wurde (GEKE 2013, Ziff. 39).

2.3 Das Verhältnis der Kirchen zu Politik und Staat

Historisch jedenfalls musste und hat sich die Kirche (und später die Kirchen) seit der sogenannten „Konstantinischen Wende" 313 n. Chr. immer zu staatlichen und politischen Fragen verhalten. Umgekehrt wurde die Kirche ab diesem Zeitpunkt auch von im heutigen Sinne als ‚politisch' anzusehenden Größen in Anspruch genommen. Schon das Konzil von Nicäa 325 n. Chr. wurde von Kaiser Konstantin einberufen, um gerade in seinen „geistlichen" Klärungen zu Fragen der Christologie die Einheit des inzwischen großflächig christlich geprägten Reiches zu sichern. Dies stieß eine weitestgehende Identifikation von Römischen Reich und Reich Gottes an, die aber auch nie unhinterfragt blieb. Seitdem sind beide Positionen in verschiedenen Formen Teil der kirchlichen Reflexion ihres Verhältnisses zu Politik und Staat (vgl. Jäger und Enns 2018). Im Protestantismus gibt es dazu zwei große, sich voneinander unterscheidende Traditionen: die Lehre von der Königsherrschaft Christi und die Zwei-Reiche-Lehre. Erstere sieht den Bereich des Politischen immer schon durch die übergreifende Herrschaft Christi beschränkt und dieser untergeordnet. Eine Eigengesetzlichkeit der politischen Sphäre kann es in dieser Sicht nicht geben (vgl. Walther 1990, bes. Sp. 318–321). Die zweite Lehre dagegen kann eine „Andersgesetzlichkeit" (Anselm et al. 2004, Sp. 787) der „weltlichen" Sphäre annehmen. Auch dort führt Gott das „Regiment", aber anders als in der „geistlichen" Sphäre wird dort zum Beispiel die Forderung des Gewaltverzichts nicht absolut gesetzt.

Elemente beider Standpunkte lassen sich an den hier als Beispiel genommenen Äußerungen zur Frage der nuklearen Abschreckung zeigen: Die Kirche äußert sich zu einer (auch) politischen Frage, aber in dem Wissen, damit in einen Raum hineinzusprechen, der nicht mit ihr selbst identisch ist und in dem selbst wiederum eine Pluralität von Stimmen vorzufinden ist. Ebenso wäre auch der Verzicht auf solche Äußerungen als Antwort auf die Frage nach dem Verhältnis der Kirche zum Staat aufzufassen. Auch die darin ausgedrückte Anerkennung einer politischen Eigenlogik ist also eine politische Aussage, nicht der Verzicht auf eine solche. Beide mögliche Positionierungen bedürfen also derselben Auseinandersetzung mit pluralen Standpunkten innerhalb der Kirche.

3 Die Kirchen und der politische Pluralismus

Im Raum des Politischen und seiner staatlichen Organisation als freiheitliche Demokratie lässt sich nicht nur eine Pluralität der Positionen feststellen, sondern ein Pluralismus als regulative Bejahung einer solchen Pluralität (vgl. Hattenhauer 1987, S. 9). Der politische Pluralismus ist natürlich ebenfalls Gegenstand ganz eigener Diskussionen, die sich nicht zuletzt mit der Frage „nach einem notwendigen Fixpunkt für Einheit" (Haigis 2008, S. 236) auseinandersetzen. Sie sind letztendlich der Diskussion um Einheit und Pluralität in der Kirche nicht gänzlich unähnlich.

Dass und wie die (jeweilige) Kirche als eine Stimme im Rahmen des politischen und weltanschaulich-religiösen Pluralismus agieren kann und muss, ist Gegenstand eines ausführlichen Diskurses.[2] Aus dem Kontext der hier betrachtenden Problemstellung heraus wirft das aber sofort die Frage auf, wie es sich mit der Stimme der Kirche als *einer* Stimme verhält. Peter Haigis betont diesbezüglich die Notwendigkeit eines „[i]nternen Pluralismus" (2008, S. 375) für ein erfolgreiches Eintreten in den politischen Pluralismus. Das verschärft aber die Frage nach der Stimme der Kirche: Geht ihren Äußerungen ein interner Klärungsprozess voraus, der den inneren Pluralismus zu eben jener *einen* Stimme zusammenführt oder nimmt „die" Kirche in Form mehrerer einzelner Stimmen am pluralistischen Konzert teil? Beim Plädoyer für den ersten Ansatz bleiben alle bisher verhandelten Fragen akut.

---

[2] Ausführlich zusammengestellt z. B. bei Haigis (2008). Von Seiten der EKD wurde dieses Thema, mit starkem Fokus auf den religiösen Aspekt z. B. in EKD (2015) bearbeitet.

Blickt man noch einmal auf die beiden am Anfang angeführten kirchlichen Verlautbarungen, die Heidelberger Thesen und die Friedensdenkschrift, so wird deutlich, dass in beiden Texten beide Optionen aufgerufen werden, eine Stimme der Kirche als ganze ebenso wie sich voneinander unterscheidende Positionen. In den Heidelberger Thesen plädiert die *eine* Stimme für eine „Abschaffung" des (nicht nur potentiell nuklearen) Krieges (These III)[3] und führt zwei Positionen als „komplementär" (These VI) an: den vollständigen „Waffenverzicht" (These VII) und die vorläufige („heute noch mögliche") Duldung der Aufrechterhaltung der nuklearen Abschreckung. Die Friedensdenkschrift führt als *die* Sicht *der* evangelischen Friedensethik an, dass „die Drohung mit Nuklearwaffen heute nicht mehr als Mittel legitimer Selbstverteidigung betrachtet werden" (EKD 2007, Ziff. 162) kann. Daneben steht widersprechend die Position, die Abschreckung könne eben doch als ein solches Mittel betrachtet werden (EKD 2007, Ziff. 164).

In beiden Texten stehen die unterschiedlichen Positionen auf unterschiedliche Art und Weise zu- oder auch nebeneinander. Die Heidelberger Thesen formulieren, in der oben gewählten Begrifflichkeit, einen „Kern", nämlich der Abschaffung des Krieges, der als Zielvorstellung formuliert ist. Die beiden sich unterscheidenden Positionen sind jeweils als möglicher – zumindest für möglich zu haltende – Wege zu diesem Ziel aufgefasst, diesem also untergeordnet. In der Friedensdenkschrift verhält es sich anders. Fast könnte man von zwei ‚Kernen' sprechen, denn neben der *einen* Position steht eine dieser ausdrücklich widersprechende. Ein beide

---

[3] Vor dem Hintergrund der Annahme, dass ein kommender Krieg zwangsläufig ein nuklear geführter sein würde.

wiederum umfassender Kern lässt sich nicht ausmachen, der möglicherweise noch von den Heidelberger Thesen her mitschwingenden Zielvorstellung einer atomwaffenfreien Welt wird jedenfalls in der zweiten Argumentation explizit widersprochen, wenn in Frage gestellt wird, dass „eine völlig nuklearwaffenfreie Welt [...] stabil wäre" (EKD 2007, Ziff. 164). Hier ist die Zuordnung der verschiedenen Positionen also eine andere: Es gibt die *eine,* präferierte und die *andere,* widersprechende, die aber ebenfalls aufgenommen wird, indem sie nicht „Verweigerung" gegen die erste bezeichnet, sondern als ernstzunehmendes Ringen innerhalb des kirchlichen Pluralismus dargestellt wird. So soll letztlich der Anschein einer – real nicht exitierenden – Einheit erweckt werden. Die Kundgebung der EKD Friedenssynode schließlich konstatiert recht kurz, dass der Weg zu einer atomwaffenfreien Welt umstritten sei (vgl. EKD 2019, S. 6), nimmt aber explizit – mit einem „dennoch" eingeleitet – dann nur den Weg über ein schnellstmögliches Verbot von Atomwaffen in den Blick, ohne weitere Wege zu benennen.

Bei genauerem Hinsehen bewegen sich die einzelnen Aussagen auf verschiedenen Ebenen des politischen Handelns. Der Ruf nach einer atomwaffenfreien Welt bewegt sich auf der Ebene einer Zielbestimmung. Die Verständigung über Mittel und Wege, dieses Ziel zu erreichen, liegt auf einer anderen Ebene (Anselm 2018, S. 49 f.). Auch der Text der Kammer für öffentliche Verantwortung zum Afghanistaneinsatz (EKD 2014) kann so mit „Gabelungen" der Argumentation auf der Ebene der Mittel arbeiten und darüber hinaus offenlegen, dass auch die Tauglichkeit der Wege zum Ziel durchaus unterschiedlich beurteilt werden kann (vgl. Mielke 2018, S. 34 f.). Die Friedensdenkschrift operiert mit zwei verschiedenen Zielvorstellungen, die jeweils mit *einer* scheinbar notwendigen Wegbestimmung verbunden sind. Die aktuelle Kundgebung nimmt einen dieser Ziel-Weg-Komplexe und verbindet ihn mit einer weiteren Ebene, nämlich der Benennung einzelner Schritte dieses Weges. Wohlgemerkt ist die jeweilige Ebene nicht dem Inhalt der politischen Forderung inhärent, sondern eine Folge der vollzogenen Argumentation. Auch was hier als einzelne Schritte auf dem Weg beschrieben wird, kann zu einer Zielbestimmung erhoben werden. Was Ziel und was Mittel ist und auf welcher dieser Ebenen sich Kirche überhaupt äußern solle (vgl. Kalinna 2018, S. 80), ist also mindestens so verhandlungsbedürftig wie die Frage nach Kern und kontextuell Bestimmten.

4 Zu diesem Band

Der Band setzt sich in seinen Beiträgen mit verschiedenen, eng miteinander verzahnten Problemstellungen auseinander, die sich aus dem Verhältnis von Pluralität und Pluralismus für die Kirchen(n) ergeben. Zum einen ist ganz grundlegend nach der Rolle der Kirche in einer pluralen Öffentlichkeit zu fragen und davon ausgehend, ob sie dort selbst als eine Stimme *des* Pluralismus oder als eine Stimme *im* Pluralismus eintritt. Diese Frage kann wiederum nicht unabhängig von der Frage nach den Adressaten dieser Stimme und von den Eigenarten einer kirchlichen Ansprache betrachtet werden.

Zum Auftakt des Bandes fragt Reiner Anselm nach den Legitimationsformen der Kirche in der Öffentlichkeit. Ausgehend von Beobachtungen von Troeltsch stellt er drei Grundtypen des Verhältnisses von Kirche und (politischer) Öffentlichkeit dar. Das volkskirchliche Modell sehe Kirche und Gesellschaft im wesentlichen als dasselbe an, und dies bedeute in der Neuzeit auch einen innerkirchlichen Pluralismus. Das eher amerikanische Modell dagegen beruhe auf der Übereinstimmung von Glaubensüberzeugung und Handeln jedes Kirchenmitglieds mit der jeweiligen Lehre. Dazu kämen in jüngster Zeit Bestrebungen, Kirche als NGO, als temporäre Allianz hinsichtlich prägnanter Themen zu verstehen. Während Anselm dort Potential sieht, plädiert er doch für ein weiterentwickeltes erstes Modell, in dem Kirche vor allem der Ort ist, an dem Kompromisse gefunden werden können.

Als zweiter Beitrag findet sich Torsten Meireis' Auseinandersetzung mit dem kirchlichen Pluralismus als Frage einer Öffentlichen Theologie. Er stützt sich auf den dreigliedrigen Kirchenbegriff von Hans Richard Reuter, der auch die Kirche als Handlungsgemeinschaft mit in den Blick nimmt. Hier vor allem seien Streitigkeiten in moralischen Fragen angesiedelt. Gleichzeitig drängten diese aber in der Außenwahrnehmung in den Vordergrund und würden zu Maßstäben kirchlichen Agierens und des eigenen Verhältnisses dazu. Das könne in der Friedensfrage als Aufforderung zur Ausscheidung als *adiaphora* genauso verstanden werden wie als Grundlage eines status confessiones. Meireis plädiert dagegen für einen *processus confessionis,* der die Frage prozedural verflüssigt, ohne deshalb ihre Ernsthaftigkeit in Frage zu stellen.

Der dritte Beitrag von Christian Polke nimmt die Frage einer einheitlichen Stimme der Kirche für den Frieden aus liberaler Perspektive auf und stützt sich dabei vor allem auf einen „Liberalismus der Furcht", wie ihn Judith Shklar entworfen hat. Dieser basiert primär auf einer negativen Freiheit von Grausamkeiten. Darin sieht Polke eine Möglichkeit, eine explizite politische Ekklesiologie zu entwickeln, die es erlaubt, auch innerhalb eines breiten Pluralismus von gut begründeten, sehr spezifischen Standpunkten, einen Grundkonsens des „Not-Wendigen" zu finden und auch in religiös motivierten Stellungnahmen auf konkretes politisches Handeln abzielen zu können.

Im vierten Beitrag beschreibt Thomas Hoppe den friedensethischen Diskurs als hauptsächlich mit gemischten Normen beschäftigt, in denen sich Tatsachenurteile und Werturteile verbinden. Er plädiert davon ausgehend für eine Offenlegung der jeweiligen Vorannahmen und dafür, sie analog einer mathematischen Intervallschachtelung auf ihre Vertretbarkeit und ihre Überlappungen hin zu überprüfen. Auch außerhalb des Intervalls liegende Positionen dürften, wenn sie eine entsprechende Wirkmächtigkeit aufweisen, nicht aus dem Blick geraten. Das gelte vor allem für die Realität und Aporetik des Gewaltproblems. Als grundlegend für einen Diskurs auf diesen Grundlagen sieht Hoppe das Vertrauen zwischen den Beteiligten an.

Christine Schliesser widmet sich im fünften Beitrag dem Gewissen als dem Ort, an dem sich Individuelles und Allgemeinverbindliches treffen, also auch als dem Ort, an dem der kirchliche Bildungsauftrag die Menschen in ihren Gewissensentscheidungen prägen kann. Das Gewissen habe dabei eine moralische Dimension der Kritik- und Urteilsfähigkeit, aber auch eine transmoralische der Einheit mit sich selbst. In beiden Dimensionen werde das Gewissen vor allem dann virulent, wenn es ein schlechtes sei. Sowohl im Individuum wie über das Allgemeinverbindliche setzten dann Aushandlungs- und Dialogprozesse ein. Dennoch müsse das Handeln auch immer mit der Möglichkeit des Schuldigwerdens und mit dem Angewiesensein auf Vergebung rechnen.

Aus evangelischer Sicht nimmt sich Sarah Jäger im sechsten Beitrag der Frage nach den Adressaten kirchlicher Verlautbarungen an. Diese sieht sie vor allem in den Teilnehmern an den von der Kirche selbst produzierten Öffentlichkeiten. Diese Öffentlichkeiten würden dabei hauptsächlich über die Praktiken oder Handlungsvollzüge der Kirche produziert, die Zeugnis von Glaubensinhalten ablegten und die Beteiligten an diesen Vollzügen ebenfalls in den Stand versetzten, Zeugen zu sein. Dabei sind nicht nur gottesdienstliche Vollzüge im Blick, sondern auch weiter gefasste, zum Beispiel auch die kirchliche Friedensarbeit, die Kirche auch für andere Öffentlichkeiten öffneten.

Klaus Ebeling setzt sich im siebten Beitrag ebenfalls mit der Frage nach den Adressaten (nicht nur) friedensethischer Stellungnahmen auseinander und tut dies aus katholischer Perspektive. Er beschreibt auch innerhalb der katholischen Kirche eine breitere Pluralität als die eindimensionale Konzentration auf das Lehramt. Insofern gelte für die Adressierung von Kirchenmitgliedern die Formal „Einheit in Vielfalt". In die breitere Gesellschaft hinein müsse die Kirche ihre aus dem Glauben gewonnenen Werturteile in nicht-religiöse Sprache übersetzen und durch ihre Taten gestützt glaubwürdig als universell wünschenswert vertreten können.

Literatur

Anselm, Reiner. 2018. Kategorien ethischen Urteilens im Konzept des gerechten Friedens. In *Gerechter Frieden als Orientierungswissen*, hrsg. von Ines-Jacqueline Werkner und Christina Schües, 49–65. 2. Aufl. Wiesbaden: Springer VS.

Anselm, Reiner, Wilfried Härle und Matthias Kroeger. 2004. Zweireichelehre. In *Theologische Realenzyklopädie*. Bd. 36, hrsg. von Horst Robert Balz, James K. Cameron, Wilfried Härle, Stuart G. Hall, Brian L. Hebblethwaite, Richard Hentschke, Wolfgang Janke, Hans-Joachim Klimkeit, Joachim Mehlhausen, Knut Schäferdiek, Henning Schröer,

Gottfried Seebaß und Clemens Thoma, Sp. 776–793. Berlin: Walter de Gruyter.

Evangelische Kirche in Deutschland (EKD). 2007. *Aus Gottes Frieden leben – für gerechten Frieden sorgen. Eine Denkschrift des Rates der Evangelischen Kirche in Deutschland*. Gütersloh: Gütersloher Verlagshaus.

Evangelische Kirche in Deutschland (EKD). 2014. *„Selig sind die Friedfertigen". Der Einsatz in Afghanistan: Aufgaben evangelischer Friedensethik. Eine Stellungnahme der Kammer für Öffentliche Verantwortung der EKD*, hrsg. von Kirchenamt der EKD. Hannover: Kirchenamt der EKD.

Evangelische Kirche in Deutschland (EKD). 2015. *Christlicher Glaube und religiöse Vielfalt in evangelischer Perspektive. Ein Grundlagentext des Rates der Evangelischen Kirche in Deutschland (EKD)*. Gütersloh: Gütersloher Verlagshaus.

Evangelische Kirche in Deutschland (EKD). 2019. Kirche auf dem Weg der Gerechtigkeit und des Friedens. Kundgebung der 12. Synode der Evangelischen Kirche in Deutschland auf ihrer 6. Tagung. https://www.ekd.de/kundgebung-ekd-synode-frieden-2019-51648.htm. Zugegriffen: 23. Januar 2020.

Gemeinschaft evangelischer Kirchen in Europa (GEKE). 2013 [1973]. *Konkordie reformatorischer Kirchen in Europa Leuenberger Konkordie*, hrsg. von Michael Bünker und Martin Friedrich. Leipzig: Evangelische Verlagsanstalt.

Gross, Jan. 2018. *Pluralität als Herausforderung. Die Leuenberger Konkordie als Vermittlungsmodell reformatorischer Kirchen in Europa*. Göttingen: Vandenhoeck & Ruprecht.

Haigis, Peter. 2008. *Pluralismusfähige Ekklesiologie. Zum Selbstverständis der evangelischen Kirche in einer pluralistischen Gesellschaft*. Leipzig: Evangelische Verlagsanstalt.

Hattenhauer, Hans. 1987. Pluralistische Kiche im pluralistischen Staat? Toleranz – Relativismus – Wertpluralismus. In *Wie pluralistisch darf die Kirche sein?*, hrsg. von Wolfgang Böhme, 9–24. Karlsruhe: Evangelische Akademie Baden.

Jäger, Sarah und Fernando Enns. 2018. Gerechter Frieden als ekklesiologische Herausforderung! Einführende Überlegungen. In *Gerechter Frieden als ekklesiologische Herausforderung*, hrsg. von Sarah Jäger und Fernando Enns, 1–8. Wiesbaden: Springer VS.

Kalinna, Georg. 2018. Die öffentliche Verantwortung einer Kirche für gerechten Frieden. In *Gerechter Frieden als ekklesiologische Herausforderung*, hrsg. von Sarah Jäger und Fernando Enns, 77–103. Wiesbaden: Springer VS.

Lienemann, Wolfgang. 2019. Zur Aktualität der Heidelberger Thesen in der Nuklearfrage. In *Nukleare Abschreckung in friedensethischer Perspektive*, hrsg. von Ines-Jacqueline Werkner und Thomas Hoppe, 13–46. Wiesbaden: Springer VS.

Mielke, Roger. 2018. Differenzierter Konsens? Das Leitbild des gerechten Friedens und seine umstrittene Anwendung. In *Gerechter Frieden als Orientierungswissen*, hrsg. von Ines-Jacqueline Werkner und Christina Schües, 27–48. 2. Aufl. Wiesbaden: Springer VS.

Rendtorff, Trutz. 1995. Über die Wahrheit der Vielfalt. Theologische Perspektiven nachneuzeitlichen Christentums. In *Pluralismus und Identität*, hrsg. von Joachim Mehlhausen, 21–34. Gütersloh: Gütersloher Verlagshaus.

Ruhbach, Gerhard. 1987. Worin dürfen sich Christen unterscheiden? In *Wie pluralistisch darf die Kirche sein?*, hrsg. von Wolfgang Böhme, 57–66. Karlsruhe: Evangelische Akademie Baden.

Walther, Christian. 1990. Königsherrschaft Christi. In *Theologische Realenzyklopädie*. Bd. 19, hrsg. von Horst Robert Balz, James K. Cameron, Wilfried Härle, Stuart G. Hall, Brian L. Hebblethwaite, Richard Hentschke, Wolfgang Janke, Hans-Joachim Klimkeit, Joachim Mehlhausen, Knut Schäferdiek, Henning Schröer, Gottfried Seebaß und Clemens Thoma, Sp. 311–323. Berlin: Walter de Gruyter.

Zwischen Erwählung und elektoralem Vorteil

Zum Wandel der Legitimationsformen für die Rolle der Kirche in der Öffentlichkeit

Reiner Anselm

1 Der konstitutive Bezug des Glaubens auf das Politische

Christlicher Glaube ist immer mehr als nur eine Privatsache. Denn weltanschauliche Einstellungen zur Ganzheit und zum Sinn des Lebens, wie sie in der Religion thematisch werden, haben immer mindestens implizit Folgen für die Rahmengestaltung des gesellschaftlichen Zusammenlebens[1].

---

[1] Dieser Aspekt ist in der an John Rawls anschließenden Liberalismusdebatte in der Regel zu wenig beachtet worden; differenzierter und auch sachgemäßer argumentiert hier Habermas 2005. Zu der von Rawls angestoßenen Debatte vgl. aus theologisch-ethischer Perspektive Grotefeld 2006.

R. Anselm (✉)
Evangelisch-Theologische Fakultät, Ludwig-Maximilians-Universität München, München, Deutschland
E-Mail: reiner.anselm@evtheol.uni-muenchen.de

© Der/die Autor(en), exklusiv lizenziert durch Springer Fachmedien Wiesbaden GmbH, ein Teil von Springer Nature 2022
H. Stoppel und C. Polke (Hrsg.), *Pluralität und Pluralismus in der evangelischen Friedensethik*, Gerechter Frieden,
https://doi.org/10.1007/978-3-658-35738-2_2

So haben besonders die drei monotheistischen Religionen des Judentums, Christentums und des Islam sich stets intensiv mit dem Politischen auseinandergesetzt. Das gilt zunächst einmal für die eigene Vorstellungswelt. Denn für die drei abrahamitischen Religionen ist der Glaube an den einen Gott und die Hoffnung auf seine – zumindest endzeitliche – Universalherrschaft charakteristisch. Dies lässt sich nicht ohne Bezug auf das Politische denken, selbst wenn alle praktischen Interferenzen mit System und Praxis der Politik, wie etwa in vielen mystischen Strömungen oder bei den sog. „Stillen im Lande", bewusst sistiert werden. Insofern kommt auch der persönlichste, innerlichste Glaube nicht ohne Analogien und semantische Bezugnahmen auf das Politische aus. Umgekehrt wirken die religiösen Vorstellungswelten, die mit diesen Semantiken verbunden sind, auf das Politische ein. Die Vorstellung vom „Reich Gottes" und der „Herrschaft Jesu Christi" sind die wahrscheinlich prominentesten Beispiele für die politische Dimension der Religion – sie ist also selbst dann politisch, wenn ihre Anhänger dies dezidiert ablehnen.

Das Engagement für das Gemeinwesen ist unverzichtbarer Bestandteil des christlichen Glaubens. Dies richtet sich nicht nur auf die Belange derer, die uns als die Nahen in unserer Familie oder der unmittelbaren Nachbarschaft, sondern auch als die Fernen in der (Welt-)Gesellschaft begegnen. Seit jeher haben sie ihren festen Ort in der christlichen Praxis, nämlich in der Fürbitte.[2] Neben dem persönlichen Glauben und der individuellen Frömmigkeit sowie dem Bezug auf die Kirche ist daher die Verantwortung für das Zusammenleben im Gemeinwesen ein elementarer Teil des Christentums.

---

[2] Zur Bedeutung liturgischer Elemente und insbesondere des Gottesdienstes für die Entfaltung der christlichen Ethik vgl. Hofheinz 2019.

2 Zu den Wechselwirkungen zwischen politischer Ordnung und ekklesiologischen Leitbildern

Die von Ernst Troeltsch in seinen „Soziallehren" diagnostizierte „Doppelstämmigkeit" der christlichen Ethik zwischen Weltzu- und Weltabwendung ist daher missverständlich, wenn sie so interpretiert würde, dass es eine Form des Christentums geben könne, die ohne Einfluss auf Sphäre des Politischen bleiben könne. Allerdings sind die Art und die Intensität, vor allem auch die Einflusskanäle dieses unweigerlichen Bezugs auf das Politische seit den Anfängen des Christentums Gegenstand intensiver Debatten. Idealtypisch lassen sich dabei, wie bereits Troeltsch gesehen hat, drei Formen unterscheiden: Ein erster Typ besteht in der möglichst engen Verkoppelung von Glaubensgemeinschaft und politischem Gemeinwesen. Die Maßstäbe, die die Glaubensgemeinschaft an sich selbst anlegt, bilden hier zugleich auch die Maßstäbe für das politische Handeln. In der zweiten Form sind diese beiden Institutionen vorrangig auf der Ebene einzelner Verantwortungsträger verbunden: Die Kirche als Glaubensgemeinschaft und das Gemeinwesen stehen institutionell nebeneinander, sind aber verbunden durch bestimmte, an einzelne, herausgehobene Personen, die sich gegenseitig stützen. Die Verantwortungsträger gewähren in einer stets durch die Chaosmacht des Bösen gefährdeten Welt den Schutzraum, in dem das glaubensstiftende Verkündigungshandeln der Kirche stattfinden kann. Umgekehrt verleiht die Kirche dieser weltlichen Ordnungsmacht die Legitimation. In einer dritten Form gibt es, wie bereits angedeutet, keine direkten Verbindungen zwischen Religion und Politik, hier ist es allein die wahrnehmbare Präsenz alternativer Lebens- und

Gemeinschaftsformen, die auf das Gemeinwesen ausstrahlt.

Obwohl gerade im neuzeitlichen Protestantismus auch der mystische Typ zu finden ist, dominieren hier die ersten beiden Modelle für die Definition der Rolle der Kirche in der Öffentlichkeit. Dabei entwickelt sich die eine Seite weiter zu einem anstaltskirchlich-repräsentativen Modell von Kirchlichkeit, das gut anschlussfähig ist an die stratifizierte Ordnung, dem bis in die Neuzeit hinein dominanten Sozialmodell. Hier wird ein legitimierender Rahmen vorgegeben, die konkrete Ausgestaltung wird aber der politischen Gewalt zugestanden. Diese soll sich an dem durch die Vernunft gesetzten Recht und dem für eine christliche Obrigkeit charakteristischen Augenmaß als Konsequenz des Liebensgebots orientieren. Das andere Modell einer Gemeinschaft favorisiert eine christliche Ethik, nach dem kirchliche und politische Ordnung möglichst deckungsgleich sein sollen und ein egalitäres, gemeinschaftsbezogenes Modell vorherrscht. Die Prämisse einer viel direkteren Verbindung zwischen Glauben und (politischem) Handeln führt dazu, dass sich die Entscheidungen aus dem Raum der Politik beständig daran messen lassen müssen, ob sie auch den moralischen Vorgaben des Glaubens, die durch die Kirche mit gesetzt werden, entsprechen. Christengemeinde und Bürgergemeinde sind eng gekoppelt, wobei erstere eine zentrale Rolle für die Formulierung der Normen für letztere einnimmt. Verbindungen ergeben sich für diejenigen Gesellschaftsmodelle, die sich im Städtischen etablieren und eine egalitäre, christliche Bürgergesellschaft zum Ziel haben.

Dieser knapp gehaltene Überblick zeigt: Die Konzeptionen zum Zusammenhang zwischen Religion und Politik sind mit den Strukturen und Entwicklungen der sie umgebenden gesellschaftlichen Entwicklungen eng verbunden. Schon in der Reformation prägen sich in den ländlich-rural geprägten Feudalstaaten Mitteldeutschlands andere theologische Gesellschaftstheorien aus als in den durch das Bürgertum geprägten oberdeutschen Städten. Natürlich handelt es sich dabei nicht um eine einseitige Abhängigkeit, jedoch ist unübersehbar, dass die (politischen) Ekklesiologien stark unter dem Eindruck der jeweils vorherrschenden Gesellschaftsstrukturen entstehen – ein Aspekt, der in dem in manchen Aspekten ähnlichen „Hybridmodell" evangelischer Kirchlichkeit von Uta Pohl-Patalong und Eberhard Hauschildt nicht hinreichend zur Geltung kommt (Pohl-Patalong und Hauschild 2016, S. 62–102).

3 Gegenwärtige Herausforderungen

Vor diesem Hintergrund soll nun im Folgenden danach gefragt werden, wie unter den gegenwärtigen gesellschaftlichen Rahmenbedingungen die Rolle der Kirche im Gegenüber zur politischen Öffentlichkeit bestimmt werden kann. Heute sind es Differenzierungs- und Pluralisierungstendenzen, die ebenso auf das evangelische Verständnis von Kirche einwirken wie auch die Säkularisierung – im engeren Sinne als Bedeutungsverlust der Religion für das individuelle Leben verstanden. Das Charakteristische der gegenwärtigen Situation besteht dabei darin, dass sich im Gegenüber und unter dem Eindruck einer fortschreitenden Säkularisierung sich nicht nur die Konflikte zwischen beiden dominanten Spielarten abgenommen haben, sondern beide in ihrer Bedeutung zurückgehen. Stattdessen bildet sich ein neuer Typus aus, der durch eine Temporalität der Zugehörigkeit und eine Umkehrung der Begründungsverhältnisse gekennzeichnet ist: Die Bindung erfolgt hier nicht über eine religiöse Überzeugung, sondern durch ein gemeinsam geteiltes politisches Ziel. Während hier Homogenität Voraussetzung ist, gilt das für die Glaubensüberzeugungen nicht, im Gegenteil: Die Angehörigen können an vielfältigsten persönlichen Überzeugungen orientierte Bricolage-Religiosität pflegen, solange sie im Handlungsziel übereinstimmen. Hier bildet sich eine neue Form des Einflusses der Kirche auf die politische Öffentlichkeit, die es genauer im Auge zu behalten gilt.

Um diese Entwicklung nachzuzeichnen und die Veränderungen sowie Herausforderungen in der Gegenwart richtig einschätzen zu können, soll zunächst, im Sinne einer an Max Weber geschulten idealtypischen Rekonstruktion, die Herkunftsgeschichte der beiden Grundformen vor Augen geführt werden. Davon ausgehend wird sodann der jeweilige Modus der Wahrnehmung einer öffentlichen Rolle und die damit verbundenen Herausforderungen und Probleme befragt. Zunächst also die Tradition der institutionell verfassten Anstaltskirche:

(1) Die für den deutschen Kontext dominante Form entspringt dem ekklesiologisch fundierten, lutherischen Gesellschaftsmodell der frühen Neuzeit. In Aufnahme mittelalterlicher Ordnungsschemata gingen die Dogmatiker der Barockzeit davon aus, dass die Kirche Jesu aus drei im Wesentlichen gleichberechtigten Teilbereichen, den status bestehe: Dem status ecclesiasticus, den Vertretern der Kirche, dem status politicus, der weltlichen Obrigkeit sowie dem status oeconomicus, Bauern, Handwerker und Bürger. Dementsprechend betonen die altprotestantischen Theologen im Einklang mit den Reformatoren, dass der status politicus Teil der ecclesia ist. Dessen Repräsentanten vertreten wiederum das Volk Jesu Christi – ein Verständnis, das ohne Weiteres in feudale Ordnungsmuster einzuzeichnen ist, insofern der

christliche Fürst der Repräsentant Christi als des Herrn der ecclesia ist. Seine Wahl erfolgt nicht durch das Volk, sondern es ist Gott selbst, der die Obrigkeit einsetzt. Ihre Aufgabe ist es, durch das Gesetz den Folgen der Sünde entgegenzutreten, die ja im corpus christianum als corpus permixtum nach wie vor präsent und wirkmächtig ist: Weil Christen auch noch unter der Sünde stehen, müssen in allen drei Ständen der Kirchen die Regeln des Gesetzes dem Chaos wehren, das aus der Sünde folgt. Auch wenn dieser Gedanke eigentlich gut mit einem auf Revision, Vorläufigkeit und Korrektur angelegten politischen Modell wie dem der parlamentarischen Demokratie vereinbar wäre, dauert es doch bis weit ins 20. Jahrhundert, bis solche Gedanken breitere Resonanz fanden. Zunächst begründet die Vorstellung von der Persistenz der Sünde die Skepsis gegenüber der Demokratie.

Dennoch: Mit der Säkularisierung der Volk-Gottes-Vorstellung lässt sich dieses Modell auch auf die repräsentative Demokratie übertragen. Nun ist es das Staatsvolk, das seine Repräsentanten selbst bestimmt. Dementsprechend gilt: Das Engagement für das Politische erfolgt über diejenigen Repräsentanten des Politischen, die sich dem Christentum verbunden fühlen.

Das Entstehen der gegenwärtigen volkskirchlichen Strukturen spiegelt die genannten Entwicklungen. Insofern die Gesellschaft identisch ist mit der Kirche, bildet sich deren Ordnungsprinzip innerkirchlich ab. Das Nebeneinander zwischen allgemeinem Priestertum und besonderem Amt spiegelt dabei die Mitgliedschaft aller in demselben *corpus christianum,* dessen Repräsentanz als Ganze aber nur durch das besondere Amt hergestellt werden kann. Den Landesherren kommt dabei eine ganz besondere Repräsentationsaufgabe zu, insofern sie nicht nur das politische Gemeinwesen, sondern eben auch das Christentum in ihrer Person vertreten. Mit dem Ende des landesherrlichen Kirchenregiments übernehmen zahlreiche Kirchenverfassungen den Gedanken demokratischer Selbstkonstitution aus dem Bereich des Politischen, das synodale Element hält verstärkt Einzug in den Bereich der Kirche. In der Gegenwart beginnt sich der dadurch zunächst zaghaft auftretende innerkirchliche Pluralismus zu intensivieren, insofern zunehmend der Gedanke mimetischer Abbildung an die Stelle eines auf Elitenselektion setzenden Repräsentationssystems tritt. Repräsentantinnen und Repräsentanten sind demzufolge nicht mehr einfach die Delegierten für komplexe Entscheidungen, sondern sollen vor allem die gesellschaftliche Pluralität abbilden. Dann aber ist Kirche – dem Ideal nach – Spiegelbild der Gesellschaft, einer Gesellschaft, die selbst immer pluraler wird.

Im Blick auf den Transfer zwischen christlichen Vorstellungen und dem Bereich des Politischen muss dieses Modell mit dem Sachverhalt leben, dass die Positionierung in konkreten Sachfragen seitens der kirchlichen Organisationsstrukturen nur eingeschränkt steuerbar ist. Zwar spielen zunächst christliche Parteien als Sammelbecken derer, die sich aus christlicher Überzeugung für das Gemeinwesen engagieren, eine wichtige Rolle und strukturieren so – gerade auch im Gegenüber zum organisierten Atheismus, den man in der Sozialdemokratie wahrnahm – die christliche Position im Politischen. In der Gegenwart ist aber, unter anderem durch eine forcierte Pluralisierung und Individualisierung der Einfluss der Parteien, auch der christlichen Parteien, zurückgegangen. Zugleich misst die repräsentative Demokratie, wie sie sich für die Bundesrepublik nach 1945 etabliert hat, den einzelnen Amtsträgern viel Spielraum zu, sodass sich leicht der Eindruck einer entweder diffusen oder volatilen Positionierung des Christlichen festsetzen kann.

(2) Gegenüber diesem repräsentativen Demokratiemodell hat sich vor allem in den Gemeinschaften der protestantische Dissenter in den USA – das beobachtete bereits Ernst Troeltsch – ein republikanisches Demokratieverständnis etabliert (vgl. dazu jüngst Gorski 2020). Es basiert ekklesiologisch – in den Kategorien Troeltschs – nicht auf dem Kirchen-, sondern auf dem Sektentypus des Christentums, jener Form des Christentums also, die durch eine enge Korrelation zwischen Glauben und Handeln sowie auf eine hohe innere Homogenisierung der Positionen gekennzeichnet ist. Während im Anstaltsmodell nur von den Inhabern des besonderen Amts erwartet wird, eine solche Konsistenz zwischen Lehre und Leben herzustellen – das idealisierte Pfarrhaus ist das beste Beispiel dafür –, wird dieser Anspruch in dem Sektenmodell an alle Mitglieder gestellt. Und da die innere Überzeugung und das dazu konsistente – in gegenwärtiger kirchlicher Semantik: authentisch vertretene – Handeln von jedem erwartet wird, bedarf es keiner ausgeprägten Repräsentationsstrukturen. Jeder und jede können gleichermaßen die gemeinsame Überzeugung im Bereich des Politischen zum Ausdruck bringen.

Diese egalitäre Grundstruktur machte dieses Modell erheblich widerstandsfähiger gegenüber autoritären oder totalitären Herrschaftsformen, setzt aber eben eine verhältnismäßig homogene Mitgliederstruktur und vor allem territorial eng begrenzte Strukturen voraus (zur Problematik vgl. Jörke 2019). Im nordamerikanischen Kontext entstanden so zunächst regionale Theokratien, ihre Verbindung zu den heutigen US war nur über ein stark föderales Modell möglich. Hier agiert nicht die Kirche gegenüber einer säkularen Öffentlichkeit, sondern die jeweilige gesellschaftliche Öffentlichkeit wird gebildet durch das mehr oder weniger spannungsreiche Nebeneinander einzelner, nach innen homogener, nach außen exkludierender Sphären, wie Michael Walzer dieses Phänomen fasste. Die Verbindung von Identität und Religion ist in diesem Kontext deutlich stärker und enger als in den Nationalstaaten Europas, ein Sachverhalt, der die nach wie vor sehr viel aktivere, allerdings auch im Abnehmen befindliche Religiosität in den USA gegenüber Mitteleuropa erklären dürfte.

Seine Abschattung in der Bundesrepublik fand und findet diese Denkform in dem Modell, das in der Auseinandersetzung und Aufarbeitung mit den deutschen Totalitarismen des 20. Jahrhunderts die Kirche und politische Öffentlichkeit so aufeinander beziehen wollte, dass die Kirche als die normgebende Instanz des Politischen fungiert und diese mit dem Ziel eines Gleichklangs zwischen Kirche und Politik bis in einzelne Policy-Fragen hinein zum Ausdruck bringt. Die Formel vom Wächteramt der Kirche spielt hierbei eine besondere Rolle. Mit ihr verbindet sich allerdings eine doppelte Herausforderung: Zum einen müssen die Kriterien geklärt werden, die darüber bestimmen, welche politischen Entscheidungen kirchlichen Protest hervorrufen, weil nicht den Grundsätzen christlicher Überzeugung folgt. Dies dürfte durchaus kontrovers sein, da in einzelnen Policy-Fragen eine über das Wort Gottes autorisierte Handlungsoption nur schwer herzustellen ist. Zum anderen bedarf es einer Übereinkunft oder entsprechender Verfahren, die regeln, wer befugt ist, eine solche Abweichung festzustellen und vor allem auch Vorschläge zur Wiederherstellung der Konsonanz zu machen. Die mit der Barmer Theologischen Erklärung prominent gewordene Geschwisterlichkeitssemantik nimmt zwar die egalitären Elemente der Minderheitentradition auf, ebenso wie die Rede vom status confessionis, beides ist aber nur sehr eingeschränkt für größere und damit notwendig plurale Gemeinschaften wie dem bundesdeutschen Protestantismus tauglich. Da aber zugleich die institutionellen Mechanismen, über die solche Fragen geklärt werden können, nur schwach ausgeprägt sind, kommt es leicht zur Auslieferung an Stimmungslagen oder Einzelakteure.

(3) In der Gegenwart ist in Deutschland eine neue, dritte Strömung dabei, das Verhältnis der Kirche zur (politischen) Öffentlichkeit neu zu bestimmen. Hier wird die Kirche nicht mehr als integrierendes, auf die Gesamtgesellschaft ausgerichtete Institution verstanden. Das vorherrschende Leitbild ist auch nicht die zivilgesellschaftliche Organisation, sondern die Soziale Bewegung. Kirche ist hier ein Verband zur Durchsetzung einer bestimmten Botschaft und – das heißt primär: einer bestimmten politischen Position. Im Unterschied zum zweiten genannten Typus erfolgt hier die Integration nicht vorrangig über eine religiöse, sondern über eine politische Überzeugung. Zudem wird eine Homogenisierung nicht durch explizite Exklusion erzielt, sondern ergibt sich als einer auf freiwilliger, möglicherweise auch episodisch strukturierter Mitgliedschaft basierenden Gemeinschaft: Es sollen sich dieser Organisationsform von Kirche auch nur die anschließen, die die eigene Position teilen. Dabei tritt das religionsbezogene Unterscheidungsmoment zurück – eine Perspektive, die mit den säkularisierungsbedingten Notwendigkeiten der Verkleinerung sehr gut vereinbar ist, stattdessen wird sie als ein eigenständiger Teil der Zivilgesellschaft verstanden.

Die Differenzierung der Gesellschaft in unterschiedliche Teilbereiche wird hier so aufgenommen, dass die Kirche für eine bestimmte Interessensperspektive steht. In aller Regel wird das mit der aus der Befreiungstheologie übernommenen „Option für die Schwachen" begründet, wobei in der Regel vom Absender abhängig ist, wer genau unter diese Kategorie fällt. Der Herkunft entsprechend spielt der Aspekt ökonomischer Benachteiligung im weitesten Sinne eine herausgehobene Rolle. Diese Form ist pluralismusaffin, sie respektiert auch die Selbstständigkeit des Politischen. Ihre Zielsetzung sieht sie in der durchaus parteiischen Durchsetzung einer speziellen Perspektive. In ihren Kundgebungen ist eine gewisse Schärfung der eigenen, vorrangig politisch begründeten Position zu erkennen. Theologie, genauer „Öffentliche Theologie", dient dem Nachweis der eigenen Öffentlichkeitsdimension und damit letztlich der Legitimation der eigenen Position. Andere Sichtweisen werden respektiert, man weiß um die Partikularität der eigenen Sichtweise und ist deswegen in der Lage, die Notwendigkeit des Schließens von Kompromissen aus der Kirche heraus in die politische und gesellschaftliche Öffentlichkeit zu verlagern. Diskursive Exklusion besteht allenfalls gegenüber dem Teil der Kirchenmitglieder, die sich der Position nicht anschließen wollen. Allerdings wird diesen auch durchaus zugestanden, den eigenen Verband zu verlassen. Anwaltschaft für eine bestimmte Perspektive erlaubt es, eigene Positionen eindeutig und scharf zu formulieren und diese auch selbstbewusst in den politischen Diskurs einzuspielen. Pluralismusfähig ist diese Organisationsform nur in der Weise, dass sie sich selbst dezidiert als eine spezifische Stimme im pluralen Konzert gesellschaftlicher Meinungsbildung versteht, nicht aber in dem Sinn, dass sie auch nach innen hin unterschiedliche Perspektiven abbilden wollte. Eindeutigkeit und Parteilichkeit kennzeichnet ihr Agieren.

4 Schlussbetrachtungen

Alle drei Formen sind mögliche Spielarten des Einwirkens der Kirche auf die Öffentlichkeit, in Anbetracht der Entwicklung der Mitgliederstruktur scheint es dabei keineswegs ausgemacht, welcher Typus zukunftsfähiger ist. Auch wenn es sich bei dem letzten Typus um eine Neubildung handelt, spricht doch einiges dafür, dass sich dieses Verständnis von Kirche und die damit verbundene Rolle der Kirche in der Öffentlichkeit in den nächsten Jahren in den Vordergrund schieben könnte. Denn die Vorzüge sind deutlich: Diese Sichtweise ermöglicht eine hohe Identifikation bei einer gleichzeitigen Offenheit für verschiedene Mitgliedschaftsformen. Liest man zumindest den Entwurf der 12 Leitsätze für die Weiterentwicklung der Kirche, den das Zukunftsteam der EKD der Synode vorgeschlagen hat, so ist eine klare Präferenz für diese dritte Spielart der Rolle der Kirche in der Öffentlichkeit wahrzunehmen.

Die Konsequenzen für die konkreten Themen kirchlichen Engagements, etwa in der Migrationsfrage oder der Friedensarbeit liegen auf der Hand: In diesem Fall könnte die Kirche sich aus Rücksichtnahmen auf innere Pluralitäten befreien. Ihre Botschaft müsste wahrscheinlich auch polarisieren, um diejenigen zu binden, die derselben Überzeugung sind. Für das Agieren im öffentlichen Raum könnte diese Klarheit durchaus von Vorteil sein.

Wenn abschließend dennoch Zweifel an der beanspruchten Zukunftsfähigkeit dieses Typus auftreten, dann bezieht sich das auf die Zukunftsfähigkeit als Form einer kirchlichen Einflussnahme auf die politische Öffentlichkeit. Denn der Konnex zwischen dem Engagement für eine Policy-Frage und der Kirche könnte in vielen Fällen nur sehr schwach ausgeprägt sein – gerade bei denen, die für alternative Formen der Mitgliedschaft offen sind. Es ist fraglich allerdings, wie viele Menschen eine solche Positionierung tatsächlich binden würde, insbesondere im Blick auf eine punktuelle beziehungsweise sequenzielle Mitgliedschaft. Ebenso fraglich ist es, ob die Fähigkeit zur Artikulation, vor allem aber auch zur Durchsetzung der eigenen Position nicht letztlich zu sehr von ihrer Existenz als Volkskirche abhängt. Denn in vielen Fällen dürfte die Koalition mit der Kirche vorrangig über deren Öffentlichkeitswirksamkeit und dem möglicherweise resultierenden elektoralen Vorteil motiviert sein. Das bedeutet aber zugleich, dass dieser neue Typus eines Einflusses der Kirche auf die Öffentlichkeit nur im Rahmen des klassischen, volkskirchlich-institutionellen Modells dauerhaft erfolgreich sein kann. Es steht zu befürchten, dass in vielen Fällen die Koalition mit der Kirche, die zur Durchsetzung bestimmter politischer Ziele eingegangen worden war, durch die Zusammenarbeit mit anderen Gruppierungen ersetzt wird, sobald die kirchliche Öffentlichkeitswirksamkeit durch anhaltende Entkirchlichung keine relevanten Vorteile mehr im Politischen verspricht. Doch trotz dieser Bedenken muss dieses neue Modell als eine valable Alternative ernst genommen werden.

Ich selbst würde jedoch aufgrund des notwendigen Primats der theologischen, nicht der politischen Begründung für die Ekklesiologie am ersten Modell festhalten. Als Konsequenz der sowohl in CA VII als auch in Barmen III vorgenommenen ekklesiologischen Minimalbestimmung ergibt sich damit eine Affinität zum ersten Weg. Zudem scheint mir das dazu affine Demokratieverständnis, ergänzt durch Elemente der rechtsstaatlich-liberalen Demokratie, insbesondere der Garantien von Menschenwürde und Menschenrechten, besonders anschlussfähig für das Wirklichkeitsverständnis des evangelischen Glaubens zu sein. Auch die christliche Versöhnungsbotschaft lässt sich auf diese Weise leichter in den Raum des Politischen transferieren. Dies könnte sich sodann auch als adäquateres Programm im Gegenüber zu einer fortschreitenden Individualisierung und Pluralisierung, nicht zuletzt auch im Gegenüber zu der mit der sich durch die Digitalisierung verschärfenden Polarisierung erweisen. Pointiert im Anschluss an das von Christian Albrecht und mir vorgelegte Programm eines öffentlichen Protestantismus formuliert: Die spezifische Funktion der Kirche für das Zusammenleben in der Gemeinschaft besteht nicht darin, eine bestimmte Position zu verstärken. Ihre Aufgabe ist es, den Boden für Kompromisse zu bereiten und den Sinn für die Suche nach dem Gemeinsamen zu pflegen.[3]

Literatur

Albrecht, Christian und Reiner Anselm. 2020. *Differenzierung und Integration. Fallstudien zu Präsenzen und Praktiken eines Öffentlichen Protestantismus.* Tübingen: Mohr Siebeck.

Gorski, Philip. 2020. Am Scheideweg. Amerikas Christen und die Demokratie vor und nach Trump. Freiburg i. Br.: Herder.

Grotefeld, Stefan. 2006. *Religiöse Überzeugungen im liberalen Staat.* Stuttgart: Kohlhammer.

Habermas, Jürgen. 2005. *Zwischen Naturalismus und Religion.* Frankfurt/M.: Suhrkamp.

Hofheinz, Marco (Hrsg.). 2019. Die Tradierung von Ethik im Gottesdienst. Symposionsbeiträge zu Ehren von Hans G. Ulrich. Münster: Lit.

Jörke, Dirk. 2019. *Die Grenze der Demokratie. Über die räumliche Dimension von Herrschaft und Partizipation.* Berlin: Suhrkamp.

Pohl-Patalong, Uta und Eberhard Hauschild. 2016. *Kirche verstehen.* Gütersloh: Gütersloher Verlagshaus.

---

[3] Vgl. dazu mit Bezug auf unterschiedliche Handlungsfelder Albrecht und Anselm 2020.

Öffentliche Theologie, Pluralität und Pluralismus in der Friedensfrage

Torsten Meireis

1 Einleitung

Soll es um die Frage der Pluralismusfähigkeit[1] der evangelischen Kirche in Friedensfragen gehen, sind aus der Sicht öffentlicher Theologie mehrere Argumentationsschritte sinnvoll, weil es verschiedene Ebenen zu reflektieren

---

[1] Sinnvoll wäre eine Klärung der unterschiedlichen Pluralismusbegriffe von James über Laski bis Rawls, die jedoch in diesem Kontext nicht sinnvoll geleistet werden kann. Gegenüber der in EKD (2008, S. 56–59) vertretenen Auffassung, die besagt, dass es im Bereich der Kirche keinen prinzipiellen Pluralismus geben könne, weil Pluralismus im Sinne der Faktizität des Vorliegens unterschiedlicher und unvereinbarer Weltanschauungen verstanden

---

T. Meireis (✉)
Theologische Fakultät, Humboldt-Universität zu Berlin, Berlin, Deutschland
E-Mail: meireist@hu-berlin.de

© Der/die Autor(en), exklusiv lizenziert durch Springer Fachmedien Wiesbaden GmbH, ein Teil von Springer Nature 2022
H. Stoppel und C. Polke (Hrsg.), *Pluralität und Pluralismus in der evangelischen Friedensethik*, Gerechter Frieden, https://doi.org/10.1007/978-3-658-35738-2_3

gilt. Erstens ist eine Vergegenwärtigung dessen nötig, was deskriptiv wie präskriptiv genau unter Kirche zu verstehen ist und welche Dimension der Kirche jeweils thematisch ist. Zweitens lassen sich dann Bedeutung und Reichweite von Geltungsansprüchen unterschiedlicher Akteure im öffentlichen theologischen Diskurs differenzieren und einschätzen. Drittens möchte ich dann am Beispiel der Friedensfrage im multipolaren Atomzeitalter einen Vorschlag aufnehmen und modifizieren, der es ermöglicht, inhaltliche Konflikte über christliche motivierte Lehrverständnisse und Handlungsorientierungen kriteriengeleitet auszutragen.

2 Kirche als mehrdimensionale Größe

Dasjenige Konzept, in dem transzendente Konstitution und immanentes Handeln, individuelle Deutung und kollektive Artikulation, kopräsente Interaktion und rechtlich-soziale Verfassung der Gemeinschaft der Gläubigen klassisch verknüpft werden, ist auch im reformatorischen Bereich der Begriff der Kirche. Allerdings sind die genannten Bestimmungen nicht eben einfach zu verbinden. Wie lässt sich empirische Vielspältigkeit mit systematischer Strenge, wie lassen sich göttliche Unverfügbarkeit mit menschlicher Handlungsverantwortung,

---

wird, bevorzuge ich eine Verwendungsweise, die Pluralismus als moralisches Prinzip versteht, und als in der Einsicht in die menschliche Fehlbarkeit begründete grundlegende Akzeptanz der Möglichkeit unterschiedlicher moralischer Perspektiven im Bereich des Vorletzten auszeichnet, auch wenn dies den Versuch der Verständigung oder sogar Klärung nicht ausschließt. Demgegenüber bezeichnet der Begriff der Pluralität die bloße faktische Vielheit moralischer Perspektiven, vgl. für einen historischen Überblick Willems (2012), für eine philosophisch-politischen Kerber (1989).

Kirche als *creatura verbi divini* und als bürokratische Organisation, als abgegrenzte Gemeinschaft und als offenes (digitales) Netzwerk zusammendenken?

Hilfreich ist hier der dreigliedrige Begriff der Kirche, den Hans Richard Reuter im Rückgriff auf einen Entwurf Albrecht Ritschls, des wahrscheinlich einflussreichsten Theologen des neunzehnten Jahrhunderts nach Schleiermacher, entwickelt hat.

Mit Ritschl unterscheidet Reuter drei Dimensionen des Kirchenbegriffs (vgl. Reuter 1997), die unterschiedliche Perspektiven markieren, also eben nur voneinander zu unterscheiden, aber nicht voneinander zu trennen sind. Im *dogmatischen Begriff der Kirche* wird sie als *creatura verbi divini* thematisch. Sie lässt sich so verstehen als Gesamtheit derjenigen Menschen, denen sich die Botschaft vom Heil in Christus im Geist erschlossen hat und immer wieder neu erschließt (CA V). Weil jedoch diese Vorgänge menschlicher Beurteilung im strengen Sinne unverfügbar bleiben – selbst der eigene Glaube unterliegt der Anfechtung – muss die Kirche in ihrer Vollendungsgestalt als in Gott verborgen gelten. Von Kirche in diesem dogmatischen Sinn, der Gemeinschaft der Heiligen, werden die klassischen Eigenschaften oder *proprietates* – Einheit, Heiligkeit, Universalität, Apostolizität – ausgesagt.

Die Selbsterschließung Gottes in Christus durch den Geist bleibt nun freilich gerade auch im Verfügungsbereich der Menschen nicht folgenlos und etwa unsichtbar, sondern initiiert menschliches Handeln. Dies ist der Bereich der Heiligung, um mit Calvin zu sprechen (vgl. 1937, III, S. 6–10), Schleiermacher charakterisierte die Kirche daher als Mitteilungszusammenhang (vgl. Schleiermacher 2008, §124, S. 298), der Hörer des Wortes, so Karl Barth, kann nicht anders als Täter des Wortes sein (vgl. Barth 1938, S. 401). Reuter spricht hier mit Ritschl von der *ethischen, auf menschliches Handeln bezogenen Dimension des Kirchenbegriffs* – hier geht es um den Gottesdienst der Menschen im engeren wie im weiteren Sinne. Als zentrale menschliche Interaktionen, angesichts derer sich auf die Präsenz der Kirche im dogmatischen Sinn vertrauen lässt, gelten dabei nach übereinstimmendem reformatorischem Zeugnis die Verkündigung des Wortes von Christus als darstellende Handlung des Bezeugens und die Feier von Taufe und Abendmahl als zeichenhafte Bekenntnishandlungen – diese werden begrifflich genau daher auch nicht als *proprietates,* sondern als *notae ecclesiae,* Kennzeichen der Kirche, bezeichnet.[2] Den innerreformatorischen Zwist über die Kirchenzucht *(disciplina)* sucht Reuter dabei zu bearbeiten, indem er in Applikation der Schleiermacherschen Unterscheidung von darstellendem und wirksamem Handeln von den expliziten *notae,* die der Darstellung des Heilszusammenhangs gelten, implizite *notae* unterscheidet, die auf das wirksame Handeln der Christen in der Welt abheben. Sie müssen als implizite *notae* gelten, weil sie sich auf die expliziten *notae* gründen und beziehen – Reuter nennt hier das Bildungs-, Gerechtigkeits- und Solidaritätshandeln der Kirche. Das Bildungshandeln ist Implikat des personalen Bildungsgeschehens der Wortverkündigung, das Gerechtigkeitshandeln liegt in der Konsequenz desjenigen göttlichen Zuspruchs unverlierbarer menschlicher Würde, der der Symbolhandlung der Wassertaufe zugrunde liegt, das Solidaritätshandeln wiederum gründet in der eine prinzipiell offene und nicht-exklusive Gemeinschaft konstituierenden symbolischen Mahl- und Gabenfeier der Gemeinde. Gerade, weil besonders im Bereich der impliziten *notae* Gemeinschaft durch Handlung – auch durch kommunikative

---

[2] Der systematische Hintergrund dieser Operation liegt in der Bearbeitung der reformatorischen Unschärfe, mit der in CA VII das Konstitutionsverhältnis von Gemeinschaft und rechter Evangeliumsverkündigung sowie in CA V der Geist behandelt wird, vgl. Reuter (1997, S. 32).

Handlung – konstituiert wird und die sie begleitende Einstellung nicht durch Menschen zu überprüfen ist, kann sie nicht als exklusiv gedacht werden und impliziert insofern offene Grenzen. Daher lässt sich auch diejenige, die in der gemeindlichen Flüchtlingsinitiative (Gerechtigkeitshandeln) mitarbeitet, nicht theologisch aus dem Kreis der Kirchenglieder ausschließen, selbst wenn sie kein Organisationsmitglied ist; entsprechend ist auch das virtuelle Netzwerk, in dem über die politische Bedeutung der Nächstenliebe, die Rolle von Kreuz oder Halbmond im öffentlichen Raum oder die Frage nach dem Verhältnis von Sexualität, kirchlicher Trauung und Ehe für das je eigene Leben diskutiert wird (Bildungshandeln), Kirche im ethischen Sinn.

Nun erhalten sich diese menschlichen Interaktionen, die die erfahrbare Kirche ausmachen, nicht von selbst, sondern bedürfen zur Gewährleistung der Dauer wie der gerechten Verteilung der dabei anfallenden Lasten einer institutionell verfassten Sozial- und Rechtsgestalt, deren Parameter sich immer auch nach den Bedingungen derjenigen Gesellschaft richten, in der sie errichtet wird – das ist der *soziologisch-juridische Begriff der Kirche*. Gegenwärtig lässt sich diese Sozialgestalt sinnvoll als Organisation beschreiben, auch wenn die Kirche in ihrer Beschreibung als Organisation – Integrat von Handlungen durch Programm und Mitgliedschaftsregel – nicht aufgehen kann: Denn schon die Entscheidung über Mitgliedschaft ist in christlicher Perspektive keine, die einfach die Mitglieder selbst treffen, das Programm ist insofern eben gerade nicht selbstgewählt, sondern verdankt sich Vorgaben, die als transzendenten Ursprungs aufgefasst werden. Die Pointe dieses – hier sehr verkürzt dargestellten – dreigliedrigen Kirchenbegriffs besteht nun in der Auffassung, dass die Kirche „primär Geschöpf des Geistes in den menschlichen Herzen, sodann selbsttätige sittliche Gemeinschaft und erst daraufhin formale Organisation" (Reuter 1997, S. 49) ist.

Dieser Begriff erlaubt eine Vermittlung von institutionell als partikularen Organisationen verfassten Kirchen und freiem, empirisch erfassbarem Protestantismus, die hier als die zwei Ebenen der erfahrbaren Kirche in den Blick kommen. Denn wenn die Organisationsgestalt der Kirche ihre Legitimität und Notwendigkeit aus der Gewährleistung der Dauerhaftigkeit und gerechten Durchführung der für die Kirche als sittlicher Gemeinschaft zentralen Interaktionen ableitet, ist bereits deutlich, dass die Kirche nicht in ihrer Organisationsgestalt aufgehen kann, weil das Christentum letzlich nicht vollständig organisierbar ist. Dies bedeutet weiterhin auch, dass sich die verfasste Kirche manche Wirkungen zurechnen lassen kann und muss, auch wenn sie sie nicht alle kontrollieren kann. Denn der Zweck der Kirchenorganisation besteht in protestantischer Sicht lediglich in der Gewährleistung von Dauer und gerechter Lastenverteilung in der Durchführung der Vollzüge der Kirche als sittlicher Gemeinschaft, nicht aber in der vollständigen Definition und Determination derselben. Damit wird die partikular organisierte Kirche gut daran tun, die Offenheit ihrer Grenzen – sowohl hinsichtlich unterschiedlicher Formen der Mitgliedschaft wie bezüglich verschiedenster Handlungsformen und -inhalte – stets zu berücksichtigen. Wenn Kirche primär Geschöpf des Geistes im menschlichen Herzen ist, dann muss auch mit nichtorganisiertem Christentum gerechnet werden, selbst wenn dies in gewisser Weise als defizitäre Mitgliedschaftsform gelten muss,[3] weil man sich an den Lasten der Aufrechterhaltung dieses Handelns nicht beteiligt. Wenn Kirche

---

[3] Wer das Bildungs-, Gerechtigkeits- und Solidaritätshandeln der Kirche wie ihre Darstellungen des Gottesverhältnisses prinzipiell billigt, der sollte auch zur Finanzierung der Lasten herangezogen werden können, also Mitglied einer Kirchenorganisation im rechtlichen Sinne werden.

zuerst sittliche Gemeinschaft und erst daraufhin formale Organisation ist, dann ist auch der Bestand an Handlungen, die zur Organisation gerechnet werden, prinzipiell offen, variabel und damit regelmäßig umstritten, selbst wenn es im Konzept des engeren und weiteren Gottesdienstes Kriterien gibt, an denen sich der Streit orientieren kann und dieser Streit um der Anschaulichkeit der Kirche willen auch theologisch geführt werden muss. Konkret bedeutet das, dass soziologische Mitgliedschaftsuntersuchungen ein wichtiges Instrument der Organisation darstellen, um die empirische Wahrnehmung der Kirche als sittliche Gemeinschaft immer wieder neu zu gewinnen. Freilich ist dann eine auf das Selbstverständnis der Kirche bezogene und damit also theologische Konzeptualisierung vonnöten, um die Besonderheit der Kirche nicht aus dem Blick zu verlieren. Die dabei als empirisch bedeutsam erwiesenen Aspekte der kulturellen Vergewisserung – auch im virtuellen Raum – können etwa in den Rahmen des Verkündigungs- und Bildungshandelns, die der rituellen Lebensbegleitung in denjenigen des Zeichen- und Solidaritätshandelns und diejenigen des Einsatzes für die sozial Unterlegenen in den des Zeichen- und Gerechtigkeitshandelns eingeordnet, damit aber auch in ihrem spezifisch kirchlichen Charakter anschaulich werden.

3 Die Prozeduralisierung von Geltungsansprüchen im öffentlich-theologischen Raum

Die Streitigkeiten in moralischen Fragen finden – jedenfalls unter den Bedingungen kirchlich-protestantischer Existenz im Kontext demokratischer, rechtstaatlicher Gemeinwesen – vorrangig auf der Ebene der Handlungsgemeinschaft statt. Auf dieser Ebene werden die praktischen Konsequenzen des Glaubens hinsichtlich des darstellenden und des wirksamen Handelns verhandelt. Dabei werden in der Regel theologische Deutungen von Kirche und Bekenntnis – wie sie im Begriff der verkündigten Kirche manifest sind – als Argumente herangezogen, um Wirkungen auf der organisatorischen Ebene zu erreichen und etwa das Programm der Organisation mitzugestalten.

Nun ist Kirche als Handlungsgemeinschaft natürlich empirisch enorm vielfältig und mit der Organisation mannigfaltig verflochten: sie reicht von der Diskussion am Abendbrottisch über Debatten im Freundeskreis, dem Kirchenchor, der Flüchtlingsinitiative, dem Pausengespräch bei der Arbeit oder dem Predigtnachgespräch bis zum Konflikt im Kirchenvorstand, einer Kammer der EKD oder dem Rat der EKD. Jeweils müssen keineswegs immer alle Diskutanten Organisationsmitglieder oder auch nur Kirchenglieder im dogmatischen Sinne sein, immer aber werden Geltungsansprüche erhoben, die in der Regel das Gesamt der Kirche in allen drei Dimensionen betreffen.

Weil die drei Dimensionen durch unterschiedliche Reichweiten und Beschreibungsmodi charakterisiert sind, stellt sich auch die Unterscheidung von *intra* und *extra muros ecclesiae* als problematisch dar. Eine klare Unterscheidung Innenseite und Außenseite der Kirche lässt sich nur auf der Ebene der Organisation treffen: hier lässt sich klar zwischen Mitgliedern mit bestimmten Rechten und Pflichten und Nichtmitgliedern, die organisationsbezogen weder Pflichten noch Rechte haben, unterscheiden. Schon im Bereich der Handlungsgemeinschaft sind Beteiligung und Zugehörigkeit fließend, zumal auch etwa symbolische Handlungen wie die Taufe nicht reversibel sind und insofern auch bei Organisationsaustritt nicht ‚verfallen'. Vollends menschlich unverfügbar ist die Gliedschaft am Leib Christi im Sinne der verkündigten Kirche, sofern das

Leben der Christinnen in Gott verborgen ist und diese Gliedschaft nicht nach menschlichen Maßstäben beurteilt werden kann.

Auf der Ebene der Organisation ist der Aufbau der protestantischen Kirchen in Deutschland in der Regel ein synodaler – es handelt sich um ein partizipatives Rätesystem mit repräsentativen Anteilen, in dem die Entsendungs- und Verkündigungslogik eine erhebliche Rolle spielt: dies wird schon dadurch deutlich, dass Verkündigungsbeauftragte oft geborene Mitglieder in entsprechenden Organisationsleitungsgremien (zum Beispiel Kirchenvorständen beziehungsweise Presbyterien oder Kirchgemeinderäten) sind. Das erklärt sich aus dem Sachverhalt, dass der Organisationszweck nicht vorrangig in der Repräsentation der Mitglieder oder der Ermöglichung eines geregelten Zusammenlebens der Verschiedenen besteht, sondern der Verkündigung, die als funktional geordnet verstanden wird. Daher ist die Entscheidungsfindung – trotz erheblicher partizipativer Anteile – nicht allein nach dem Muster repräsentativer Demokratien organisiert.

Das führt dazu, dass schon innerhalb der organisationsbezogenen und -gesteuerten Geltungsansprüche und -mandate eine erhebliche Gemengelage festzustellen ist, die sich unter Einbezug der handlungsbezogenen Geltungsansprüche noch verstärkt: Ist die Äußerung der Pfarrerin auf der Kanzel organisationsbezogen durch die Verkündigungsfreiheit gedeckt, sodass die Pfarrerin gerade nicht darauf verpflichtet werden darf, den Konsens der versammelten Gemeinde zu verbalisieren, kann dies schon im Kontext eines öffentlichen Auftritts im Namen der Gemeinde – etwa im Vereinsring – strittig sein. Dies gilt selbstverständlich auf allen Ebenen der Organisation: entsprechend ist auch ein Presbyter, eine Bischöfin oder ein Kirchenpräsident in der Regel partizipativ gewählt, aber nicht im strengen Sinne Repräsentant der Organisationsmitglieder, auch wenn diese gegebenenfalls an seiner oder ihrer Entfernung aus dem Amt vermittelt mitwirken können. Entsprechende Fragen sind zum Beispiel hinsichtlich der Vereinbarkeit der Mitgliedschaft von Pfarrpersonen oder prospektiven Kirchenältesten in bestimmten Parteien der extremen Linken oder Rechten aufgetaucht. Hinsichtlich der Organisationsmitglieder sind die Regelungen in sog. Lebensordnungen festgehalten, die aber hinsichtlich der konkreten Bestimmungen in der Regel bewusst vage gehalten werden.

Sofern konfligierende Geltungsansprüche mit der unterschiedlichsten Reichweite und auf den unterschiedlichsten Ebenen erhoben werden, stellt sich auch die innerkirchliche Debatte – sowohl innerhalb von Handlungsgemeinschaft wie Organisation – als diskursiv und agonal dar. Das bedeutet aber gleichzeitig, dass die soziale Verbindlichkeit entsprechender Kundgebungen, die ja immer nur Momentaufnahmen sind – gerade in politischer Hinsicht – in der Regel sowohl für Kirchenglieder wie Organisationsmitglieder als gering eingeschätzt werden. Öffentliche mediale Äußerungen von Organisationsfunktionären oder prominenten Organisationsmitgliedern – von Heinrich Bedford-Strohm über Wolfgang Schäuble bis hin zu Peter Hahne – sind in der Regel in irgendeiner Weise kontrovers und prägen das Bild der Evangelischen Kirche mit; weil es aber kein autoritatives Lehramt nach dem Vorbild der römisch-katholischen Kirche gibt, bleiben entsprechende dogmatische oder ethische Richtungsentscheidungen in der Regel vage.

Allerdings sorgen die Usancen medialer Öffentlichkeitsproduktion mit dafür, dass die evangelische Kirche nur selten in dieser Komplexität wahrgenommen wird. Dazu kommt im europäischen Kontext die historische Hypothek enger Staatsbindung, die dazu beitragen kann, die komplexe Entität Kirche im Sinne einer obrigkeitlichen Behörde, eines zivilgesellschaftlichen Interessenverbands oder einer politischen Partei zu verstehen. Eine journalistische Perspektive reduziert Kirche in aller Regel auf ihre Organisationsgestalt, die zudem – in Anlehnung an die anschaulichere Struktur der römisch-katholischen Kirche oder anderer Organisationen – oft hierarchisch konstruiert wird. Pluralität der Meinungsbildung erscheint dann in gewisser Weise als Organisationsversagen, zumal Funktionäre im Kontext der Organisation – ganz gleich ob Pfarrerinnen, Ratsmitglieder, Kammervorsitzende oder Bischöfinnen – den medialen Imperativen der Personalisierung und Erwartungsdifferenzproduktion (Mann beißt Hund!) unterliegen, sich den entsprechenden Wahrnehmungsmustern ausgesetzt sehen – und mit diesen ihrerseits produktiv umgehen können. Weil Kirchenglieder und -mitglieder natürlich immer auch Medienkonsumentinnen und -konsumenten sind, vermag die mediale Wahrnehmung auch ihre Selbstwahrnehmung zu prägen, und zwar in um so höherem Maße, je weniger Bildungsanstrengungen auf der Ebene von Organisation und Handlungsgemeinschaft solchen Prägungen erfolgreich entgegenzutreten vermögen.

Weil die evangelische Kirche in Deutschland – sowohl als Handlungsgemeinschaft wie als Organisation – Öffentlichkeit produziert und ein Moment von Öffentlichkeit darstellt, teilt sie auch deren empirische Eigenschaften, machtasymmetrischer Konfliktraum und fragmentierter Artikulationsraum zu sein. Auch im Kontext einer als Moment der Zivilgesellschaft zu verstehenden Handlungsgemeinschaft und Organisation werden vielerlei Öffentlichkeiten produziert und finden asymmetrische Machtkämpfe um Deutungshoheit statt. Gleichzeitig entspricht es dem Selbstverständnis vieler Akteurinnen und Akteure im Kontext einer wohlverstandenen Zweiregimentenlehre, entsprechende theologische-weltanschauliche oder moralische Positionierungen als Orientierungsangebote, für Gesellschaft, Kirchenglieder und Kirchenmitglieder, nicht aber als politisch verpflichtende Prinzipien zu verstehen.

Die oben angesprochene Gemengelage wird hinsichtlich des Geltungsanspruchs kirchlich-organisatorischer Äußerungen – etwa der EKD-Kammern – auch intensiv und ausdrücklich reflektiert. Auch denjenigen Texten, denen innerorganisatorisch die höchste Geltung attestiert wird, sofern es in ihnen um die Identität der Kirche gehen soll, nämlich den gemeinsamen Bekenntnissen, wird Verbindlichkeit nur am Maß der Erschließungskraft für die jeweiligen Individuen zugestanden: Wen es als Ausdruck des Verkündigungsauftrages Jesu, dem sich die Kirche verpflichtet weiß, überzeugt, für den gilt es.[4] Das gilt *mutatis mutandis* auch für Äußerungen kirchlicher Organisationsfunktionäre. Dabei sind immer wieder Verdichtungen und Positionierungen auch im politischen Raum möglich, aber sie dürfen auch innerorganisatorisch niemals als unanfechtbar gelten – und tun dies auch faktisch nicht.[5]

Die Pluralität innerhalb des weiteren kirchlichen Spektrums im Bereich der Evangelischen Kirche in Deutschland ist erheblich, eine Tendenz zu einer ‚sektenförmigen' organisationellen und dogmatischen

---

[4] EKD (2008, Ziff. 27): „Inwiefern kirchliche Verlautbarungen zum öffentlichen Leben bindende Wirkung haben, ist im Blick auf ihre innere Richtigkeit gewissenhaft zu prüfen. Diese Richtigkeit bemisst sich nach der Erfüllung des Verkündigungs- und Sendungsauftrages der Kirche Jesu Christi und nach der Schrift- und Sachgemäßheit der Verlautbarungen. Die bindende Wirkung solcher kirchlichen Verlautbarungen ist dementsprechend nicht einklagbar. Sie hat – im Unterschied zu kirchlichen Gesetzen und Ordnungen – keinen (kirchen-)rechtlichen, sondern geistlichen Charakter, indem sie die Gewissen bindet."
[5] Vgl. zur Angreifbarkeit solcher Positionierungen Meireis 2020.

Durchbildung im Sinne Ernst Troeltschs hoch unwahrscheinlich; zumal auch im US-amerikanischen Protestantismus, dessen Denominationalismus aus der besonderen Situation regionalistisch eigenständiger Gruppierungen im Prozess der Kolonisierung durch europäische Siedler verstanden werden muss, Differenzierungs- und Spaltungstendenzen seit geraumer Zeit nicht mehr an dogmatischen Lehrdifferenzen, sondern entlang bestimmter politischer Indexthemen – etwa der rechtlichen Regelung des Schwangerschaftsabbruchs oder dem politischen Umgang mit dem Klimawandel – verlaufen und sich jedenfalls auch bewusster Förderung durch machtpolitisch interessierte Akteure verdanken (vgl. etwa Wuthnow 1996).

Dem entspricht, dass organisationsbezogene juridische Regelungen – etwa Lehrzuchtverfahren oder Unvereinbarkeitsbeschlüsse – die absolute Ausnahme sind: Sie hat es zum Beispiel im Kontext der angenommenen Unvereinbarkeit weltanschaulicher Grundannahmen – so in der DKP-Mitgliedschaft von potentiellen Pfarrer*innen – oder im Zusammenhang einer durch einschlägig belegte Äußerungen oder Taten ausgedrückten Menschenfeindlichkeit beziehungsweise Mitgliedschaft in entsprechenden Verbänden gegeben.[6] Selbstverständlich sind auch organisatorische Konsequenzen im Rekurs auf Bekenntnisprozesse möglich, entsprechende Zusammenhänge im Kontext etwa der Barmer Theologischen Erklärung oder des südafrikanischen Belhar-Bekenntnisses bilden Beispiele, die allerdings in ihren Kontexten deutlich von den im Zusammenhang dieses Aufsatzes vorausgesetzten

---

[6]Vgl. z. B. EKBO (2013) Art. 19 Abs. 1, MF wird durch Herabwürdigung, Bedrohung oder Diffamierung von Menschen insb. aus in § 1 des Allg. Gleichbehandlungsgesetzes benannter Sachverhalte definiert.

politischen Bedingungen kirchlicher Existenz in der Gesellschaft – nämlich demokratischer Rechtstaatlichkeit – abweichen: Im Zusammenhang von totalitären Systemen und Unterdrückungsregimes, in denen Pluralität ohnehin negativ sanktioniert wird und von normativem Pluralismus keine Rede sein kann, kann Widerstand schon deswegen moralisch verpflichtend werden, um einen Rechtszustand herbeizuführen, der die Menschenrechte sichert – darunter auch die Freiheit des Bekenntnisses und zur Pluralität.

4 Processus confessionis

Aus den friedensethischen Auseinandersetzungen der achtziger Jahre des 20. Jahrhunderts stammt ein Konzept, das – im Kontext demokratisch-rechtstaatlicher Gemeinwesen – zwischen Versuchen einer umstandslosen moralischen Radikalisierung und handlungsbezogener Vereindeutigung dogmatischer Vorstellungen einerseits und solchen der Auslagerung friedensethischer Fragen aus dem Bestand überhaupt sinnvoll theologisch-religiös zu klärender Themen andererseits zu vermitteln versucht hat. Zwischen einer Position, die den Verzicht auf die atomare Nachrüstung zum *casus confessionis* erklärte und einer solchen, die die entsprechenden Fragen als theologisch letztlich irrelevante *adiaphora* verstand, hatte Wolfgang Huber in Bezug auf die Idee des konziliaren Prozesses vorgeschlagen, die Friedensfrage im Sinne eines *processus confessionis* zu verstehen, also prozedural und kommunikativ zu verflüssigen (vgl. Huber 1985).

Die Kennzeichnung als *processus confessionis* impliziert dabei natürlich Anleihen beim reformierten Bekenntnisverständnis, das Bekenntnisse als prinzipiell immer reversible menschliche Positionierungen deutet. Der Preis dieses Verfahrens ist ein möglicherweise dilatorischer Charakter und die mangelnde Eindeutigkeit und Verbindlichkeit der jeweils immer nur als Momentaufnahmen zu verstehenden Kundgebungen und Entscheidungen. Das aber fällt insofern weniger ins Gewicht, als die Einheit und Einheitlichkeit der empirisch wahrnehmbaren Kirche – ganz gleich, ob es um die fluiden Handlungsgemeinschaften oder die rechtlich fixierten Organisationen geht – ohnehin stets nur Verheißungscharakter haben kann, weil sie eben nur als Eigenschaft der verkündigten Kirche einwandfrei identifizierbar ist.

Der Vorteil dieses Vorschlages liegt erstens darin, die theologische Bedeutung der Debatte nicht zu ignorieren, aber zweitens die Pluralität der Auffassungen und die allseitige Irrtumsfähigkeit nicht zu unterschätzen, drittens die Konflikthaftigkeit entsprechender Diskurse und die Möglichkeit des Aushaltens wechselnder Hegemonialitäten nicht unterschlagen zu müssen und viertens in der Offenhaltung des diskursiven Prozesses Räume für wechselseitige Lernprozesse bereitzuhalten.

Die Einheit in der Verschiedenheit ergibt sich dann in der Verortung des Konflikts in Bezug auf gemeinsame Deutungsmuster und -schemata, auch wenn diese natürlich ihrerseits dynamischen Charakter haben, und der Bereitschaft, in der Hoffnung auf wechselseitige Lernprozesse miteinander im Diskurs zu bleiben.

Literatur

Barth, Karl. 1938. *Die Kirchliche Dogmatik, Bd. I/2*. Zollikon: Verlag der Evangelischen Buchhandlung.

Calvin, Johannes. 1937 [1559]. *Unterricht in der christlichen Religion. Institutio christianae religionis, Calvin, Institutio Deutsch, nach der letzten Ausgabe übersetzt und bearbeitet von*

Otto Weber. Neukirchen: Buchhandlung des Erziehungsvereins.
Evangelische Kirche in Deutschland (EKD). 2008. *Das rechte Wort zur rechten Zeit. Eine Denkschrift des Rates der Evangelischen Kirche in Deutschland zum Öffentlichkeitsauftrag der Kirche*. Gütersloh: Gütersloher Verlagshaus.
Huber, Wolfgang. 1985. Ist die Friedensfrage eine Bekenntnisfrage? In *Folgen christlicher Freiheit*, hrsg. von dems., 249–269. 2. Aufl. Neukirchen-Vluyn: Neukirchener Verlag.
Kerber, Walter. 1989.Pluralismus. In *Historisches Wörterbuch der Philosophie. Bd. 7*, hrsg. von Joachim Ritter, Karlfried Gründer und Gottfried Gabriel, 988–993. Basel: Schwabe.
Konsistorium der evangelischen Kirche Berlin-Brandenburg-schlesische Oberlausitz (EKBO). 2013. *Grundordnung*. 5. Aufl. Berlin.
Meireis, Torsten. 2020. Die Rückkehr des Prophetischen Wächteramts der Kirche? Öffentliche als kritische Theologie. In *Konzepte und Räume öffentlicher Theologie, Wissenschaft – Kirche – Diakonie*, hrsg. von Ulrich H. J. Körtner, Reiner Anselm und Christian Albrecht, 27–42. Leipzig: EVA.
Reuter, Hans-Richard. 1997. Der Begriff der Kirche in theologischer Sicht. In *Das Recht der Kirche Bd. 1. Zur Theorie des Kirchenrechts* hrsg. von ders., Gerhard Rau und Klaus Schlaich, 23–75. Gütersloh: Kaiser.
Schleiermacher, Friedrich Daniel Ernst. 2008 [1831]. *Der christliche Glaube (2. Auflage 1830/31)*, hrsg. von Rolf Schäfer, Berlin: de Gruyter.
Willems, Ulrich. 2012. Religiöse Pluralität, religiöser Pluralismus und Religionsfreiheit in westlichen politischen Gemeinwesen. In *Modelle des religiösen Pluralismus. Historische, religionssoziologische und religionspolitische Perspektiven*, hrsg. von Karl Gabriel, Christian Spieß und Katharina Winkler, 243–267. Paderborn: Ferdinand Schöningh.
Wuthnow, Robert. 1996. Restructuring of American Religion. Further Evidence. *Sociological Inquiry* 66 (3): 303–329.

Eine einheitliche Stimme für den Frieden?
Ethischer Pluralismus am Ort der Kirche

Christian Polke

1 Sensibilisierter Blick für Grausamkeiten – ein liberales Proprium friedensethischer Überlegungen

„Lass ab vom Bösen und tue Gutes; suche Frieden und jage ihm nach!" – Dieses Wort aus Psalm 34 (V. 15) steht der Kundgebung der 12. EKD-Synode aus dem Herbst 2019 unter dem Titel „Kirche auf dem Weg der Gerechtigkeit und des Friedens" voran. Ein Bibelzitat, das trefflich gewählt ist und einen guten Auftakt

---

C. Polke (✉)
Theologische Fakultät, Georg-August-Universität Göttingen, Göttingen, Niedersachsen, Deutschland
E-Mail: christian.polke@theologie.uni-goettingen.de

bilden kann, wenn man der Frage nachgeht, was eigentlich Frieden im Zeitalter des ethischen Pluralismus, auch am Ort der christlichen Kirche(n) bedeutet. Die hier vorgestellten Überlegungen wollen sich somit dem Problem stellen, welchen theologischen Rang nicht einfach die Pluralität von Christenmenschen, sondern der Pluralismus ethischer Positionen als Grundüberzeugungen aus dem Geist des Christentums zuerkannt werden soll beziehungsweise womöglich muss.[1] Wer so fragt und beginnt, der hat zumindest darin seine Lektion aus den Tagen des (klassischen) theologischen Liberalismus beziehungsweise der alten liberalen Theologie gelernt, dass er diese soziokulturelle Grundkonstellation in der Moderne nicht als nebensächlich erachtet, wenn er zu Problemen seiner Zeit und somit auch seiner Kirche ethisch-theologisch Stellung nimmt. In diesem Sinne sollten sich selbst diejenigen, die sich dezidiert nicht mit liberal-theologischen Positionen in ihrer eigenen Haltung identifizieren können – aus was für (guten) Gründen auch immer –, auf die Wahrnehmungssensibilität für die Schwierigkeiten ethischer Theorie- und Überzeugungsarbeit, zumal aus religiösen Sichtweisen, einlassen können. Das sei deshalb eingangs betont, da meine Ausführungen den Anspruch erheben, auch denen, die den Errungenschaften des theologischen Liberalismus deutlich skeptischer gegenüberstehen als der Autor dieser Zeilen, etwas zum Nachdenken mit aufzugeben.

In einer gewissen Hinsicht verbirgt sich schon in dem erwähnten Psalm-Zitat eine gut liberale Ansicht:

---

[1] Während *Pluralität* ein Merkmal menschlicher Lebensform an sich darstellt, markiert *Pluralismus* das durch dieses Strukturmerkmal vorgezeichnete, soziokulturell formierte wie historisch bedingte und lebensgeschichtlich gewachsene Phänomen unterschiedlicher Überzeugungs-, Einstellungs-, Haltungs- und schließlich Handlungsweisen.

Liberal hier verstanden nicht im Sinne einer starken normativen Position, etwa der Politischen Theorie oder Moralphilosophie, wohl aber hinsichtlich des negativen Einsatzpunktes – „lass ab vom Bösen! - und der daran anknüpfenden tentativen Folgerichtung: „Suche den Frieden…!" Liberal in diesem Sinne meint somit etwas viel Voraussetzungsärmeres als die hochelaborierten gleichnamigen Theorien in Neuzeit und Moderne. Denn mit dem Insistieren darauf, zunächst einmal für alle möglichen Arten und Formen von Machtmissbrauch und Grausamkeit sensibel zu werden, ist ein gemeinsamer Zug aller ethisch veritablen liberalen Traditionen anvisiert. Allerdings ist diese Sensibilität für das Negative nicht allein ein Kennzeichen von Positionen aus dieser Theoriefamilie. Schließlich wächst hier wie auch aus anderen Blickwinkeln das Gespür für den Frieden, etwa in der Bedeutung der Abwesenheit von verschiedenen Weisen von Zwang und Gewalt, vornehmlich aus den (individuellen wie kollektiven) Erfahrungen in Situationen, „wenn [dieser] auf irgendeine Weise beeinträchtigt" (Mead 1983, S. 416) ist. Damit jedoch verbindet sich zunächst und vor allem der Umstand, dass er, der Friede, „im Hinblick auf [seinen] Inhalt nicht zu definieren" (Mead 1983, S. 416) ist, jedenfalls nicht mit ein und derselben Bedeutung für alle Zeiten und Kontexte.

Mit diesen Eingangsbeobachtungen soll das Augenmerk auf die Leistungsfähigkeit von liberalen Ansätzen gelenkt werden, die sich einem solchen Vorgehen *ex negativo* verschrieben haben. Als vorteilhaft erweist sich dabei und darin vor allem deren Pluralismustauglichkeit. Das gilt schon für Isaiah Berlins klassisches Plädoyer für die „negative Freiheit" (vgl. 2006, S. 197–256, v. a.

S. 201–210, 250–256),[2] aber besonders nachdrücklich für jenen Ansatz eines „Liberalismus aus Furcht" (vgl. Shklar 2013, S. 16–66), wie er in der Politischen Theorie von Judith Shklar (1928–1992) seine maßgebliche Gestalt gefunden hat. Dabei betont sie selbst die Nähe zu Berlin, obgleich sie die sozioökonomischen wie politischen Rahmenbedingungen eines solchen Liberalismus deutlicher hervorhebt: „Der Liberalismus, der von diesen Überlegungen geleitet ist, ähnelt Isaiah Berlins negativer Freiheit, entspricht ihr aber nicht vollständig. Berlins negative Freiheit des ‚Nicht-Gezwungen-Werdens' und dessen spätere Version der ‚offenen Türen' wird konzeptionell von den ‚Bedingungen der Freiheit' getrennt, das heißt den gesellschaftlichen und politischen Institutionen, die persönliche Freiheit ermöglichen." (Shklar 2013, S. 41 f.) Kurzum: Es geht um die in jeder (liberalen) Freiheitskonzeption aufs Mindeste mit implizierte Idee von Sicherheit in der doppelten Hinsicht des Vertrauens und der Zuversicht, dass die eigene Stimme ebenfalls zählt *(voting)*, und der Unabhängigkeit gegenüber (ökonomischen) Zwängen und Hindernissen, um so das Leben nach eigenen Vorstellungen aktiv und selbstbestimmt gestalten zu können *(earning)*.[3]

Was zunächst als Stabilitätsgaranten der persönlichen Freiheit von Individuen in staatlichen und marktökonomischen Kontexten ausgezeichnet wird, lässt sich jedoch auch auf die zwischenstaatliche und internationale Ebene mit ihren Verflechtungen übertragen.

---

[2] Wie sehr Berlins Freiheitsidee vom Gedanken eines anti-totalitären Wertepluralismus geprägt ist, zeigt mustergültig auf: Gray (2013, S. 39–110).

[3] Darauf zielen die Ausführungen von Shklars Tanner Lectures aus dem Jahr 1989: Shklar (1991). – Generell finden sich in ihrer Politischen Theorie viele sozialdemokratische Elemente, wie Axel Honneth in seiner Interpretation herausgearbeitet hat. Vgl. Honneth (2014).

Schließlich gelten auch hier Bedingungen äußerer wie innerer Sicherheit, die zusammen mit den elementaren Freiheiten die Abwesenheit von Gewalt und Zwang jedenfalls erleichtern. Die Rede ist vor allem von der politischen Autonomie in Gestalt der Staatensouveränität und von der ökonomischen Subsistenz in Form selbstbestimmter Beteiligung und mit offenem Zugang zu den (Welt-)Märkten. Was somit den Liberalismus der Furcht auf der innerstaatlichen, das heißt gesellschaftlichen Ebene leitet, nämlich „den Missbrauch öffentlicher Macht in allen Regimes mit gleichem Unbehagen [zu betrachten]" (Shklar 2013, S. 41), das lässt sich ohne große Aufwände auch auf die internationale, globale Ebene transferieren. Auch hier sollten einem Liberalismus der Furcht „die Exzesse der offiziellen Funktionsträger auf allen Ebenen des Staates [beunruhigen] und er unterstellt ihnen die Neigung, Arme und Schwache besonders stark zu belasten" (Shklar 2013, S. 41).[4] Das Entscheidende an dieser Einstellung oder Haltung ist: Sie definiert keinen Maximalrahmen für das, was unter Freiheit, Sicherheit, Autonomie, menschenwürdige Zustände oder Frieden zu verstehen ist. Gerade diese Positionsoffenheit macht ihre Pluralismusaffinität aus, zu der zugleich eine Kontextsensibilität gehört. Dennoch gilt es, Minimalbedingungen auszuloten, die es zu beachten gilt, wenn um Frieden

---

[4] Auch mit Blick auf den im 20. Jh. dominanten und im 21. Jh. keineswegs ausgestorbenen Imperialismus und Kolonialismus lässt sich ein Zusammenhang von Macht und Unterdrückung feststellen: „das wird nur allzu deutlich, vergleicht man die Geschichte der Armen mit der Geschichte der jeweiligen Eliten." (Shklar 2013, S. 41.) – Wichtig bleibt, dass, wenn Shklar von Neigung spricht, dies weniger auf eine moralische Kategorie zielt als eine politische Beobachtung subsummiert, die sich aus der Geschichte wiederholend belegen lässt. Die Neigung zur Unterdrückung stellt eine Form von gefährlicher Tendenz in der Machtausübung dar, die es stets schon im Voraus in Rechnung zu stellen gilt. Deswegen ließe sich sagen: Ein jeder Liberalismus der Furcht operiert mit einer entsprechenden Heuristik (der Furcht).

gerungen und um Freiheiten gestritten werden soll. Deren Realisierung allerdings erweist sich darüber hinaus oftmals nicht minder als hochgradig voraussetzungsreich. Mit Michael Walzer ließe sich von einer Konzeption dünner im Vergleich zu dichter Moral beziehungsweise Solidarität sprechen (vgl. mit Blick auf die Friedensfrage: 1996, S. 86–110),[5] wobei noch eine solche Konzeption sich ihren historischen Bedingtheiten wie ihren situativen Anlässen stellen muss, wenn sie konkrete Aussagen treffen will.

So, wie die Leserichtung des Psalm-Verses es vermuten lässt und wie sich etwa beim Propheten Amos die Sozialkritik in ihrer Stoßrichtung präsentiert, so gilt es auch mit Blick auf die Friedensthematik, zunächst jene Formen des Bösen ausfindig zu machen, von denen abzulassen Not tut, bevor dann je situationsspezifisch auf die Suche nach dem gegangen werden kann, was das Gute heißen, was ein Frieden beinhalten könnte und müsste, der mehr meint als Abwesenheit von Gewalt. So lassen sich aus der liberalen oder auch liberaltheologischen Sicht im Grunde zwei notwendige Kriterien oder Maximen für friedensethische Ansätze, Kundgebungen und Orientierungshilfen formulieren: die notwendige Sensibilität für sich historisch wandelnde Formen von Machtmissbrauch und Grausamkeit auf der einen Seite, die Kontextoffenheit für die Bedingungen der jeweiligen Situation, in der und aus der heraus Frieden gefunden, erhalten oder allererst geschaffen werden musste, auf der anderen Seite.

---

[5] Michael Walzer ordnet Shklar selbst dergestalt ein, wenn er zu Recht notiert, ihr Liberalismus der Furcht sei sowohl mit einem sozialen Liberalismus als auch mit Konzeptionen eines liberalen Sozialismus oder Kommunitarismus kompatibel: vgl. Walzer (2013).

2 Wieviel Holismus, wieviel Pluralismus tut der theologischen Friedensethik gut?

Das alles erscheint zunächst ein wenig trivial, birgt jedoch einige wichtige Vorentscheidungen. Diese gilt es nun in einem zweiten Schritt kenntlich zu machen, vor allem, wenn wir uns erneut der Programmformel vom „gerechten Frieden" zuwenden, wie sie auch die EKD-Synodenkundgebung von 2019 unter der Überschrift „Kirche auf dem Weg der Gerechtigkeit und des Friedens" leitet. Im Zentrum steht dabei die Frage nach der Möglichkeit, Sinnhaftigkeit und zugleich Strittigkeit kirchlicher Stellungnahmen zur Friedensethik und Friedenspolitik.[6] Inwiefern vermag es die Kirche überhaupt, hierbei mit einer einheitlichen Stimme zu reden? Bewusst klammere ich dabei zunächst ekklesiologische Fragestellungen im engeren Sinne aus.[7]

Zunächst zu den mit dem Wertepluralismus verbundenen Voraussetzungen: Obgleich die Ps 85,11 entlehnte Pathosformel vom „gerechten Frieden" eine ungemein wirkungsvolle Suggestivkraft entfaltet, und das nicht zu Unrecht, so darf man daraus keine vorschnellen einlinigen Schlüsse ziehen. Weder implizieren die beiden Begriffe oder Ideen von Frieden und Gerechtigkeit sich wechselseitig – schon gar nicht kann auf eine letzte Identität verwiesen werden –, noch stehen sie in einem

---

[6] Hier wird bewusst nicht scharf zwischen Friedensethik und Friedenspolitik unterschieden, da diese Art von kirchlichen Stellungnahmen ebenfalls notgedrungen zwischen beiden Ebenen changiert. Weiter unten werde ich gleichwohl auf die Unterscheidung von Politik und Moral am Ort der Friedens*ethik*(!) drängen.

[7] Dazu bereits vom Verf.: Polke (2019), sowie die Beiträge von Reiner Anselm und Torsten Meireis in diesem Band.

zwingenden Bedingungsverhältnis. Ersteres kann allenfalls in eschatologischer Perspektive gelten. Dann aber ist vom limitativen Status dieser Rahmung ethisch-theologisch auszugehen. Letzteres hingegen hält schlicht einer genaueren empirischen Überprüfung nicht stand. Zumal es hierfür erst klarerer Definitionen und somit zugleich inhaltlicher Beschränkungen der jeweiligen Begriffe bedürfte. Kurzum: Gerechtigkeit und Frieden als Ziele politischen und sozialen, darin eben zugleich ethischen und auch kirchlichen, Handelns stellen keineswegs notwendigerweise Implikationsbegriffe dar. Oder noch genauer: Sie sind es nur dann, wenn sie inhaltlich so stark aufgeladen sind, dass sie selbst wiederum utopische oder eben genuin theo-logische Züge annimmt. Für das kirchliche Reden (und Handeln) ist der letzte Gesichtspunkt besonders attraktiv, da durch die Unterscheidung und Beziehung von Gottes Frieden als Ganzheitsideal und gerechtem Frieden als ethisch-theologischer Zielperspektive das christlich-religiöse ‚Surplus' und damit eben das religiöse Proprium gewahrt werden kann.[8] Einfacher gesagt: Man wähnt sich auf genuin christlich-theologischem Terrain.

Allerdings bringt das gravierende Probleme mit sich, und zwar sowohl für die ethisch-theologische Theoriebildung (Friedensethik) als auch für das öffentliche (kirchliche) Zeugnis für den Frieden (Friedenspolitik im weiteren, nicht staatlichen Sinne). Schon aus der Kundgebung lässt sich überaus deutlich ein Trend, eine Verschiebung in den friedensethischen Debatten seit der Denkschrift von 2007 ablesen: Der Begriff des Friedens

---

[8] In einem umfassenden, die Bestimmung des Menschseins aus christlicher Sicht vollends zur Geltung bringenden und darum allein als eschatologisch realisierbaren Sinne ist Frieden dann eine Kategorie theologischer Anthropologie. So etwa bei Jüngel (2003).

(schalom) wird über eine äußerst anspruchsvolle, nämlich der biblischen Idee von Gerechtigkeit im Sinne von *sedaqah* geschuldeten, Vorstellung weiter normativ aufgeladen. Mit einer derart inhaltlichen Ausweitung des Friedensbegriffs geht jedoch einher, dass er nicht nur immer voraussetzungsreicher wird, sondern dass damit zugleich eine Dynamik freigesetzt wird, die auf harte semantische Eindeutigkeit zielt, die wiederum die Berechtigung eines innerkirchlichen ethischen Pluralismus an diesem Punkt akut werden lässt. Solche Bedenken stehen jedenfalls hinter Reiner Anselms Bemerkung: „Gerade wenn es um Gerechtigkeit" – und ich ergänze, wenn es um Frieden – „geht, besteht stets die Gefahr, dass es zu einer metaphysischen Überhöhung der eigenen Position kommt, zu einem Rigorismus, der sicherlich das Gute möchte, dabei aber die Verwerfungen und das konfliktgenerierende Potenzial des eigenen Handelns übersieht." (Anselm 2020, S. 120)[9] Hinzu kommt, dass die eigentlichen Subjekte friedenspolitischen wie friedensethischen Agierens stets Kollektivsubjekte darstellen (BRD als Staat, die Kirchen in der weltweiten Ökumene, die EU, aber auch Friedensbewegungen und -initiativen wie Pax Christi etc.), denen dann eine Maximalagenda zugemutet wird. – Und nur als Nebenbemerkung sei erwähnt, dass alles Nachdenken über den „gerechten Frieden" als *nota ecclesiae*, wie etwa in der *United Church of Christ* in den USA, oder in umgekehrt negativer Weise als *„status confessionis"* hinsichtlich der nuklearen Abschreckungsoption in den 1980er Jahren bei uns, stets kontextuell in ihrer inhaltlichen Ausrichtung zu begreifen sind.

---

[9] Dem kann man im Übrigen selbst dann zustimmen, wenn man die Rede von der „Säkularisierung von Moral" und „Politik" (Anselm 2020, S. 120) als eher missverständlich auffasst.

Jedenfalls dürfen derartige Stellungnahmen nicht primär als allgemein-generelle, quasi-dogmatische Beurteilungen ohne Berücksichtigung des eigenen Standpunktes wie Problemkontextes verstanden werden.[10]

Mir geht es dabei nicht um die Infragestellung einer theologischen Füllung der Kategorien von Gerechtigkeit und Frieden. Das ist vielmehr genuine Aufgabe einer hermeneutisch verfahrenden und historisch aufgeklärten theologischen Ethik. Mir geht es vielmehr um die Gefahr der mangelnden, theologisch ebenfalls gebotenen Aufmerksamkeit für einen antagonistischen Wertepluralismus, den es auch hier – wie überall – gibt, und der sich noch hinter solch leichtfertigen, weil pauschalen und empirisch so gar nicht überprüfbaren Feststellungen verbirgt, wonach die Erfahrung zeige, dass „Menschen, Gemeinschaften und Staaten in der Lage sind, Probleme und Konflikte in allen Bereichen gesellschaftlichen und politischen Lebens auf konstruktive und gewaltfreie Weise zu bearbeiten." (EKD 2019, Abschn. 1: „Der Weg der Gewaltfreiheit") Theologische Ethik sollte darum wissen, dass alle menschlichen Wertideale, Tugenden, Güter, Beziehungsformen stets als Bestandteile der irdischen, das heißt endlichen wie fehlbaren, damit stets zugleich pervertierbaren wie oftmals pervertierten Wirklichkeit (symbolisch gesprochen: der gefallenen Schöpfung) anzusehen sind. Allein, solange man die Ziele und Maximen eines gerechten Friedens, und damit auch die beiden ethischen Ideale, derart umfassend füllt, dass sie im Grunde nur mehr Aspekte einer holistischen Gesamtidee oder Perspektive bilden, kann man sich dieses

---

[10] Eine knappe Entstehungsskizze der Formel vom „gerechten Frieden" als Leitbild kirchlichen Verkündigens und Handelns, also von kirchlicher Friedensethik wie -politik gibt: Schockenhoff (2018, S. 578–582).

Umstandes scheinbar entledigen.[11] Aber eine realistische Ethik aus dem Geiste nicht nur des Protestantismus wird nicht umhin können, die Spannungen zwischen den Zielen (Werten), die zum gerechten Frieden gehören, also etwa Friede als Sicherheit, als ökonomische Stabilität, als sozialer Ausgleich etc., zu benennen und dabei auch die Pluralität an Standpunkt- und Interessensperspektiven in Rechnung zu stellen. Das betrifft insbesondere auch neuere friedenspolitische Probleme, etwa im Umfeld von Konflikten im *Cyber Space,* die neuen geopolitischen Konfliktlinien zwischen der NATO und Russland, den USA und China, oder auch die Möglichkeit drohender Klimakriege. Stets sind für eine triftige ethische Einschätzung die unterschiedlichen Positionen der Akteure und Akteursgruppen, ihre jeweiligen Agenden und die daraus und dadurch geleiteten Perspektiven auf die gemeinsame Sach- wie Problemlage maßgeblich in Rechnung zu stellen. Deshalb muss man weder Anhänger*in der Militärseelsorge noch einer Rechtfertigung von sog. „rechtserhaltender Gewalt" sein, um zu begreifen, dass eine Einheitlichkeit in der friedensethischen und -politischen Grundhaltung ohne Einbezug der Perspektiven (und Positionen), etwa von

---

[11] Worum es geht, ist eine saubere Unterscheidung, nicht Trennung von strikt theologischem Horizont und ethischer Beschreibung und Betrachtung auf dem Gebiet der Friedensethik (und im Anschluss daran der Einschätzung friedenspolitischer Optionen). An der Wahrnehmung der Differenz ohne eine Abtrennung beider Aufgaben hängt sowohl die Realismusfähigkeit ethischer Überlegungen als auch das transformative Potential ihrer theologischen Rahmung bzw. Re-Lektüre. Um ein Beispiel aus der jüngeren Theologiegeschichte zu geben, sei auf Tillichs kleine Schrift „Love, Power, Justice" aus dem Jahr 1954 verwiesen: Tillich (1969). So sehr Tillich an einem letztlich harmonischen Zusammengehen der drei menschlichen Potentiale interessiert ist und dieses in ihrer theonomen Fundierung auch findet, so sehr gehören menschliche Liebe, Macht und Gerechtigkeit als Phänomene zu den „Zweideutigkeiten des Lebens", den *ambiguities of life*. Vgl. Tillich (1987, S. 300–305, 311–315).

evangelischen Führungsoffizieren in der Bundeswehr, im Grunde schon von vornherein nicht akzeptabel sein kann. Kritisch gefragt: Was soll eine Führungsoffizierin als Christenmensch in der Ausübung ihres Berufes aus einer solchen Kundgebung für die Orientierung und Wahrnehmung ihrer Aufgaben in demokratischer Verantwortung mitnehmen? So wenig in kirchlichen Stellungnahmen die Pluralität der Perspektiven und Expertisen von Christenmenschen in den jeweiligen Handlungsfeldern oftmals abgebildet wird – und synodale Kundgebungen sollten schon von ihrem Selbstanspruch her auf die öffentliche Repräsentation des gesamten, kirchlich verfassten protestantischen Christentums ausgerichtet sein –, so mangelhaft erscheint in anderer Hinsicht das fehlende Gespür für die Eigenlogik unterschiedlichster Perspektiven. Der real existierende ethische Pluralismus innerhalb des protestantischen Christen- wie Kirchentums hängt oftmals schlicht damit zusammen, von welcher Ebene aus prioritär ein Sachproblem angegangen wird. Mit Blick auf die Friedensthematik fehlt weitgehend das klare Bewusstsein der Differenz (nicht Trennung, sehr wohl aber Unterscheidung) der Ebenen des (internationalen) Rechts, der politischen Instanzen (Parlament, Staat, Militär, Polizei), der intermediären Institutionen und sozialen Bewegungen als Elemente der Zivilgesellschaft, worunter auch die Kirchen und Religionsgemeinschaften fallen. Aber je nachdem werden eben friedensethische Probleme und Fragestellungen anders fokussiert: entweder stärker unter den Aspekten der Sicherheit oder der Sicherung von Menschenrechten, oder eher mit Blick auf ökonomische, soziale und nicht zuletzt ökologische Folgen; und wiederum anders hinsichtlich der kulturellen und politischen Selbstbestimmung. Dabei müssen die anderen Gesichtspunkte nicht einfach wegfallen, sie werden nur vom jeweiligen Leitgesichtspunkt aus divergent integriert.[12]

Für eine theologisch informierte, kirchliche Friedensagenda stellen Wertepluralismus und die daraus folgenden, oftmals harten Wertekonflikte, welche sich nie eindeutig auflösen lassen, jedenfalls genuine Kennzeichen einer christlich-protestantischen Wirklichkeitsdeutung dar (vgl. Polke 2016). Das bedeutet nicht, auf theologische Grenzbegriffe und Symbole, wie die Rede vom messianischen Friedensreich, in dem alle Spannungen aufgehoben scheinen, zu verzichten. Solche eschatologisch aufgeladenen Visionen, Bilder und Formeln dienen dem Zweck, friedensethische und -politische Maßnahmen nicht eindimensional zu fassen und sie vor jeglicher Stillstellung zu bewahren. Kurz gesagt: Sie helfen, Frieden als eine dynamische, offene, stets in ihren Anliegen noch unabgegoltene und deshalb auch handlungstransformative Idee zu begreifen. Doch als unmittelbare friedensethische Leitmaximen oder Kriterien zur Beurteilung von Lagen können sie m. E. angesichts konkreter Herausforderungen und Konflikte kaum hinreichen. Deshalb gilt zuvorderst: „Friede nicht als Zustand völliger Abwesenheit von politischen Konflikten, deren eschatologische Überwindung; sondern Friede als die Summe der Fähig-

---

[12] So geht es eher darum, dass die Pluralität der friedensethischen Standpunkte auf ihre Wahrnehmung der Pluralität an friedensethischen Aspekten hin befragt werden. Dazu können insbesondere Einsichten der (vergleichenden) Friedensforschung helfen, indem eindimensionale Vorstellungen und Optionen verhindert werden. Dieter Senghaas' friedenspolitisches Hexagon an Anforderungen für stabile Friedenszustände mit den Aspekten von staatlichem Gewaltmonopol, Rechtsstaatlichkeit, allgemeiner Affektkontrolle, politischer Teilhabe, Verteilungsgerechtigkeit sowie einer Kultur konstruktiver Konfliktbearbeitung ließe sich als Kriterienkatalog für hinreichende friedenspolitische Konzepte wie für friedensethische Konzeptionen verstehen, und zwar ohne Maximalforderungen an inhaltlicher Bestimmung dabei vorzugeben. Vgl. Senghaas (2012, S. 228–232).

keiten und Instrumentalitäten, mit diesen Konflikten in anderer als gewalttätiger Weise umzugehen" (Rendtorff 1991, S. 170), muss die erste Maxime friedensethischer Orientierungshilfen heißen. Dabei zeichnet Endlichkeit und Fehlbarkeit kirchliche Stellungnahmen ebenso aus wie politisches Entscheiden und Handeln, selbst wenn beides wertebasiert geschieht. Das ist im Grunde nur die Kehrseite von irreduzibler Pluralität. Pluralismus sowohl in dogmatischer, also die Glaubensüberzeugungen betreffender, als auch ethischer, die Handlungsoptionen gewichtender, Hinsicht lässt sich somit am Ort der Kirche niemals stillstellen. Vielmehr ist er wohl begründet und an ihm gilt es in wichtigen, gesamtkirchlichen Stellungnahmen festzuhalten.

Im Grunde stellt sich dann allerdings erneut und verschärft die Frage, inwiefern überhaupt angesichts des (binnenkirchlichen) ethischen Wertepluralismus einheitliche Stellungnahmen, und sei es bei friedenspolitischen Themen, möglich sein können, und zwar je für den spezifischen Kontext und Anlass, also zeitgebunden. Damit kommen wir zu dem zweiten, voraussetzungsreichen Gesichtspunkt. Dieser hat die Bedingungen zu beschreiben, inwiefern eine inhaltliche Fokussierung mit Blick etwa auf die Friedensethik dennoch ermöglicht, innerkirchliche Konvergenzen und Konsense herzustellen. Zu diesem Zweck komme ich nochmals auf die weiter oben als liberaler Grundzug herausgestellte Sensibilität für Grausamkeiten und damit auf das Insistieren auf der Priorität der Vermeidung beziehungsweise Überwindung von Formen des Machtmissbrauchs und der Gewalt zurück, und zwar eingedenk dessen, dass damit auch soziale und ökonomische Formen und Gestalten inbegriffen sind. So betrachtet bleibt die Frage nach der Gerechtigkeit im Sinne einer primären Aufgabe der Wahrnehmung, Analyse, Vermeidung und Überwindung von

Ungerechtigkeiten akut, will man nach Perspektiven eines nachhaltigen Friedens Ausschau halten.[13]

Diese von Shklar übernommene Vorgehensweise und Überzeugung scheint mir gerade in friedensethischer Hinsicht auch aus der Sicht einer evangelischen Ethik vielversprechend zu sein. Warum? Nicht, weil nicht zugegeben werden könnte, dass Frieden mehr meint als die Überwindung des Krieges oder die schiere Abwesenheit von Waffen, um es mit Kant zu sagen.[14] Sondern darum, weil

---

[13] Dazu siehe: Shklar 1997. – Auch in dieser Schrift geht sie im Grunde von der – relativ betrachtet – voraussetzungsarmen Überzeugung aus, dass alle Menschen – ob berechtigt oder unberechtigt ist erst an zweiter Stelle, dann aber entscheidend die Frage – ein elementares Gefühl bzw. genauer eine Vorstellung darüber bzw. davon haben, „was es heißt, ungerecht behandelt zu werden." (Shklar 1997, S. 110) Das wiederum ist die Voraussetzung für Empörung und Protest, somit auch für mögliche, ethisch legitime Weisen des gewaltlosen Kampfes für bessere Umstände oder u. U. sogar für im Nachhinein nicht übergebührlich kritisierbare Formen von Gewaltanwendung. Nach Shklar ist die Kategorie der Ungerechtigkeit ein zentraler Begriff für jede Politische Theorie, da sie erneut *ex negativo* den Sinn und die Rechtfertigung für politische Maßnahmen ethisch beleuchtet: „Ungerechtigkeit ist schließlich kein politisch bedeutungsloser Begriff, und die anscheinend unendliche Vielfalt und Häufigkeit von Akten der Ungerechtigkeit laden zu einem Denkstil ein, der weniger abstrakt als die formale Ethik, jedoch analytischer als die Geschichtswissenschaft ist. Schließlich und endlich könnte es ein erster Schritt sein, den Abstand zwischen Theorie und Praxis zu verringern, wenn man sich den zahlreichen von uns begangenen Ungerechtigkeiten zuwendet, anstatt nur Abhandlungen" – oder Stellungnahmen (!) – „darüber zu lesen, was wir sein und tun sollten." (Shklar 1997, S. 26)

[14] Es ist gerade die Leistung von Kants 1795 erschienener Schrift „Zum ewigen Frieden" (vgl. Kant 1968), dass er sehr genau zwischen den notwendigen Ausgangsbedingungen (elementare Sicherheit) und den dauerhaft rechtlichen Rahmenbedingungen (von Rechtsstaatlichkeit) zu unterscheiden wusste und in ihrer wechselseitigen Stützung zu korrelieren vermochte. Das thematisieren insbesondere seine Überlegungen in den beiden Teilen des Anhangs (vgl. Kant 1968, S. 370–386). Hinzu kommt schon durch die metaphorische (und im Übrigen auch ironische) Wendung vom „ewigen Frieden", dass Kant sich des geschichtsphilosophisch-utopischen – und sieht man bei ihm genauer hin: darin eben auch religiösen – Aspekts seiner Ausführungen vollends bewusst war. Anders gesagt: Diese bahnbrechende Schrift ist gerade in ihrem realistischen Zug nicht nur auf Zukunft ausgerichtet, sondern verknüpft diese Perspektive mit der dritten der Leitfragen der Kantischen (Welt-)Philosophie: „Was darf ich hoffen?" – Auch die Zwiespältigkeit in Kants Wahrnehmung des

es zu einem tragfähigen Konsens trotz aller Unterschiede gehören kann, sich wenigstens um Einigkeit darüber zu bemühen, welche Dinge zuerst anliegen und angegangen werden können. Das wird freilich stets nur mit Blick auf spezifische Herausforderungen und Kontexte gelingen, aber immerhin. Zur Vermeidung von Grausamkeit gehört nicht nur ein wirksames Tötungsverbot, sondern nicht minder die elementare Chance, sein Leben eigenständig erhalten zu können. Aus diesen Zielperspektiven lässt sich immerhin der Gedanke einer öffentlichen Sicherheit, nicht im Sinne der üblichen Gebrauchsweise mit Blick auf den Verfassungsschutz, sondern des Zutrauens von Menschen an ihrem Lebensort ihr Leben führen zu dürfen und zu können, entwickeln. Ein solcher Ansatz lag im Übrigen schon der EKD-Denkschrift von 2007 zugrunde, insofern an zentraler Stelle der prozessurale Friedensbegriff mit vier – im Grunde *ex negativo* herausgearbeiteten – normativen Kriterien verbunden wurde, in deren Zielperspektive sich dann schließlich auch eine Vorstellung von Gerechtigkeit konturierte. „Friedensfördernde Prozesse sind dadurch charakterisiert, dass sie in innerstaatlicher wie in zwischenstaatlicher Hinsicht auf die *Vermeidung von Gewaltanwendung,* die *Förderung von Freiheit und kultureller Vielfalt* sowie auf den *Abbau von Not* gerichtet sind. Friede erschöpft sich nicht in der Abwesenheit von Gewalt, sondern hat ein Zusammenleben in Gerechtigkeit zum Ziel. In diesem Sinn bezeichnet ein gerechter Friede die Zielperspektive politischer Ethik." (EKD 2007, S. 54) Damit einher geht die Wachsamkeit für die Notwendigkeit, bei den Möglichkeiten und Chancen

---

Krieges als eines einerseits moralisch und politisch absolut Verbotenem und doch andererseits Fortschritt generierenden Phänomens eines umfänglicheren „gesellschaftlichen Antagonismus" darf man nicht unterschlagen. Darauf hat bereits Hannah Arendt hingewiesen. Vgl. Arendt (1998, S. 80–83, 98–100).

kurz- wie mittelfristiger Friedenssicherung Priorisierungen vornehmen zu müssen, die selbst wiederum ethisch abzuwägen und dann zu rechtfertigen beziehungsweise zu plausibilisieren sind.

Pluralismusfreundlich und konsensorientiert ist eine solche Fokussierung auf die sensible Wahrnehmung und Vermeidung von Grausamkeit und Machtmissbrauch deshalb, weil sich hierüber noch vor (best)möglichen Zielperspektiven leichter ein (Teil-)Konsens angesichts des Handlungsdrucks in konkreten Gefährdungslagen formulieren und einstellen kann. Das bedeutet nicht, den Primat der Gewaltfreiheit beziehungsweise -armut infrage zu stellen oder erneut der Lehre vom „gerechten Krieg" das Wort reden zu wollen, wenn auch unter anderer Nomenklatur. Es stimmt schon, der Friede ist der „Ernstfall" jeder theologischen Ethik, wie Karl Barth gesagt hat, „der Fall nämlich, in welchem – nun wirklich ‚zum vornherein' – alle Zeit, alle Kraft, alles Vermögen dafür einzusetzen sind, daß die Menschen leben, und zwar recht leben können, um dann zur Flucht in den Krieg keinen Anlaß zu haben, das heißt um dann nicht vom Kriege erwarten zu müssen, was ihnen der Friede verweigert hat." (Barth 1993, S. 525)[15] Dies alles geschieht ohne Notwendigkeit, einen prinzipiellen Pazifismus religiös überhöhen, geschweige denn umgekehrt den realistischen Blick auf die

---

[15] Barth selbst lehnt zwar die Rede vom „gerechten Krieg" nicht rundweg ab, bezeichnet aber einen solchen Krieg als „Notstand", weswegen sich eigentlich ein Denken in solchen Kategorien nicht mehr als zulässig erweist. Allenfalls Kriterien einer „rechtserhaltenden Gewalt", etwa im Sinne einer *„responsibility to protect"* (einer Schutzverantwortung), können (und müssen sogar) Bestandteil ethisch-theologischer Urteilsbildung sein. Diese Transformation ließe sich im Übrigen ebenfalls mit Barths Theologie und Ethik in Verbindung bringen, insofern es um den „Schutz des Lebens" (vgl. Barth 1993, S. 453–538) geht und der Staat sowie überhaupt die Politik vom Recht her zu denken ist (im Gegensatz zu Figuren, die ausschließlich von der Souveränität des Gewaltmonopolisten herkommen).

Unvermeidlichkeit von Kriegen theologisch legitimieren zu müssen. Allein um Kontextsensibilität, wie sie sich insbesondere aus der Wahrnehmung von Situationen des Unrechts, der Gewalt, der Grausamkeit, des Machtmissbrauches ergibt, geht es: Und zwar sowohl im Inneren, wo die christliche Ethik ihr *cura proprium* „in der Herstellung einer für Alle sinnvollen und gerechten Lebensordnung" (Barth 1993, S. 526) – bei Barth im Sinne einer sozialen Demokratie verstanden – findet, als auch im Äußeren, das heißt im zwischenstaatlichen und internationalen Rahmen, wo es nach wie vor an vorderster Stelle „für solide, vertragsmäßige Verständigungen und für deren Innehaltung" (Barth 1993, S. 526) einzutreten gilt. Deshalb wäre es zugegebenermaßen sinnvoller, statt stets nur umfassend (holistisch) von Friedensethik zu reden, deren Themen in kleinerer Münze, z. B. in Gestalt einer Ethik der internationalen Beziehungen zu verhandeln.[16]

Dem Geist des Christentums entspricht ein solcher an den Phänomenen der Gewalt, Grausamkeit, Ungerechtigkeit und des Machtmissbrauches ansetzender Zugriff *(ex negativo)* schließlich nicht zuletzt darin und dadurch, dass hierin die vielzitierte Option für die Schwachen ihre notwendige, friedenspolitische Konkretion erhält. Die Kirchen sollten in politischer Hinsicht sich vornehmlich auch zur Stimme und zum Sensorium für diejenigen machen, deren Ausnutzung und „Ver-*Gewalt*-igung" unterhalb des öffentlichen Radars geschieht, somit auch

---

[16] Darauf hat bereits Wolfgang Trillhaas hingewiesen. So stellt er in der 3. Auflage seiner *Ethik* seinen grundsätzlichen friedensethischen Überlegungen Betrachtungen zu einer „Ethik der Außenpolitik" zur Seite. Vgl. Trillhaas (1970, S. 510–515). – Auch die in der Kundgebung von 2019 deutlich hervorgehobene klimaethische Seite der Friedensthematik ließe sich daher vielleicht eher – der Ausdifferenzierung und Expertisebedürftigkeit von (nicht nur politischen) Fachressorts entsprechend – stärker am Ort der Umweltethik als eigenständiges Thema begreifen.

keine (breite) Aufmerksamkeit erhält. Darin können sie, ob nun als friedenspolitisch hoch engagierte Netzwerkakteure oder als volkskirchliche Konsensagenturen betrachtet, ihr genuines Proprium ausüben, ohne willkürlich in Aufgabenbereiche und Entscheidungsprozeduren demokratisch legitimierter Politik (von Parlamenten und Regierungen) unter der Gefahr vorschnellen Moralisierens oder realpolitischer Naivität einzugreifen. Zur Vermeidung von (weiterem) Machtmissbrauch und für eine entsprechende öffentliche Sensibilisierung ist allerdings entscheidend, denjenigen, die davon unmittelbar betroffen sind, bei ethischen und politischen Fragen und Problemen Gehör zu verschaffen. Es geht um die Frage der diskursiven Autorität sowie Anwaltschaft. Man muss sich bei jeder kirchlichen Stellungnahme, zumal in politischen Fragen, bewusst sein, wer eigentlich hier für wen spricht und in welchem Auftrag. Und mehr noch: Wer eigentlich mit Blick auf welches Themenfeld besonders Gehör innerhalb und in Vorbereitung einer Kundgebung finden muss? Das gilt zumal dann, wenn bei der Formulierung der Stellungnahmen scheinbar schlicht auf die innerchristliche Ökumene (sogar in weltweitem Umfang) rekurriert wird. Nicht nur Friedens- und Opfergruppen sind dabei zu hören, sondern auch diejenigen, die stellvertretend für andere Verantwortung in Entwicklungshilfe, Polizei, Militär übernehmen. Alles in allem erweist sich so gerade die Friedensfrage – nicht überraschend nach dem langen 20. Jahrhundert der Gewalt und Kriege – als ein Schibboleth für die Dringlichkeit einer Selbstverständigung der Kirche über ihre implizit oder explizit wirksame und triftige politische Ekklesiologie.

3 Plädoyer für das Ringen um eine explizite politische Ekklesiologie im Protestantismus

„Eine einheitliche Stimme der Kirche für den Frieden" – kann das überhaupt gelingen? Aus dem bislang Vorgebrachten lässt sich gleichwohl eine bedingt positive Antwort formulieren: Ja, aber nur dann, wenn – und das allein sollte die von mir angestellte liberale Perspektivierung verdeutlichen – einige Voraussetzungen mit bedacht und beachtet werden. Es stellt gewiss eine grundlegende ekklesiologische Frage dar, inwiefern ethische Fragen zu Angelegenheiten eines *status confessionis,* einer Situation konfessorisch zu deklarierender Zugehörigkeit, oder auch nur zum Anlass eines *processus confessionis* werden können.[17] In der evangelischen Theologie und Ethik der Gegenwart wird auch abseits der Friedensfrage darüber immer wieder kontrovers diskutiert. Was gut ist, weil hier ein fundamentaltheologisch seit der Reformation nicht geklärtes Problem mit Blick auf das Verhältnis von Glauben und Handeln und die

---

[17] Zum letzteren Begriff siehe die immer noch bedenkenswerten, da von Nüchternheit gegenüber einem leichtfertigen *status confessionis* geprägten, für ihre Zeit kontextsensiblen Überlegungen von Wolfgang Huber: Vgl. Huber (1985, S. 259, 262–264). – Man sollte bedenken, dass die Debatten der 1980er Jahre aus einer im Grunde übersichtlichen, da durch eine klare (auch ideologische) Scheidung von Ost- und Westmächten geprägten Zeit (des Kalten Krieges) stammen. Im Lichte unserer Gegenwart, bei der es mehr denn je um das Aufrechterhalten eines Multilateralismus angesichts sich abzeichnender mehrpolarer Konfliktlinien zwischen verschiedenen Mächten (wie China, Russland, USA) mit einer noch größeren Anzahl an nuklear aufgerüsteten Staaten (z. B. in Nahost, Indien, womöglich Nordkorea) geht, helfen Verweise auf klare Formulierungen und eindeutige Positionierungen früherer Jahrzehnte kaum weiter. Das gilt es friedensethisch zu bedenken, und zwar gerade angesichts der Notwendigkeit einer Neuthematisierung der nuklearen Bedrohungslagen sowie künftiger Debatten um mögliche nukleare Abschreckung.

Wahrnehmbarkeit christlicher Existenz angegangen wird. Doch das alles braucht Zeit, um klug diskutiert zu werden. Hinzu kommt, dass der Protestantismus aus unterschiedlichen kirchlichen Traditionen und Denominationen mit je diversen Geschichten der Verstrickung und/oder Abgrenzung von Staat und Politik besteht. Deshalb scheint es ratsam, unter den jetzigen Bedingungen, aber vielleicht sogar darüber hinaus, die Ausgangsfrage – Wie einheitlich soll die Kirche sprechen? – und das damit zusammenhängende Problem nicht unmittelbar anzugehen. Anders gewendet: Vielleicht wäre eher eine Art von intellektueller und – im neutralen Sinne des Wortes – ideologischer Abrüstung sowohl der Diskussionen um friedenspolitische Agenden als auch bei ambitionierten Vorhaben wie dem, die Friedensfrage zum Glaubensartikel zu erklären, nötig. Das wäre jedenfalls eine erste Leitmaxime für das Ausbuchstabieren einer zeitgemäßen, kontextbezogenen und situationsangemessenen politischen Ekklesiologie.

Unter politischer Ekklesiologie verstehe ich eine Selbstreflexion der Akteure und Instanzen kirchlicher Repräsentanz und theologischer Vermittlung hinsichtlich der politisch bedeutsamen Aspekte ihrer Praktiken und öffentlichen Handlungsvollzüge, wie zum Beispiel dem einer Synodenkundgebung. Weil der klassische Protestantismus im Grunde nur ein „diskursives Lehramt" (Herms) kennt und sich die Gestalt einer theologisch begründeten „synodalen Kirchenstruktur" gegeben hat, darum ist es mehr denn je nötig, dass die in ihm stellvertretend Verantwortung übernehmenden Christenmenschen sich sowohl ihrer politischen Wirkung als auch ihrer theologischen und ethischen Repräsentanzfunktion eingedenk sind und bleiben. Vor allem bei letzterer gilt es zu beachten, dass Mitglieder von unterschiedlichen Strömungen jedenfalls nicht von vornherein exkludiert werden. Diese minimale Offenheit für Anschluss- oder wenigstens Diskursfähigkeit gilt es umzusetzen. Hinzu kommt, dass der christliche Glaube in seiner protestantischen Lesart weder von der theologischen Expertise noch von einer demokratischen Legitimation abhängig ist, wenngleich er als protestantische Lebenshaltung auf sachgemäßes Verstehen dringt und die (kirchliche) Binnenpluralität weitgehend anerkennt. Das alles steigert zwar die Anliegen einer politischen Ekklesiologie, auch und gerade mit Blick auf den Anspruch der öffentlichen Wahrnehmung und Wirksamkeit in die Gesellschaft hinein, lässt diese Aufgabe aber mehr denn je dringlich erscheinen. Das allerdings teilt ein volkskirchlich offener Protestantismus mit vielen gesellschaftlich bedeutenden Institutionen derzeit. Auch diese haben sich je auf eigene Art ähnlichen Selbstverständigungsbemühungen zu stellen, allen voran die parlamentarisch-repräsentative Demokratie unter dem Vorzeichen einer pluralistischer gewordenen Öffentlichkeit.

Wie dem auch sei: Folgt man noch einmal der hier vorgeschlagenen Heuristik, die vom Not-Wendigen ausgeht, dann ließe sich weiterhin festhalten: Ganz gleich, welches Selbstverständnis sich die Repräsentant*innen der Kirchen in der (politischen) Öffentlichkeit geben und von dem sie sich leiten lassen wollen, für ethische Orientierungshilfen aus dem Geist des Evangeliums für die Welt tut Not (a) eine Reduktion auf konkrete Probleme; sind (b) die Spannungen und Konflikte zwischen Werten, Idealen und Zielperspektiven, auch aus der Sicht des christlichen Glaubens, offen zu benennen und auszuhalten; und sollten (c) Teilkonsense am ehesten darüber gesucht werden, dass das Hauptaugenmerk dem Dringlichsten und Drängendsten gilt, also vor allem denjenigen, die am ehesten gefährdet sind oder drohen, übersehen zu werden.

Diesbezüglich gilt es, klug und anlassbezogen thematische Konzentrationen vorzunehmen.[18]

Eindeutigkeit muss nicht gegen Pluralität stehen, so wie Pluralismus nicht verhindern muss, gemeinsame Stellungnahmen zu formulieren. Entscheidend ist, welchen Grad an Übereinstimmung man mit Blick auf welche Aspekte eines Themas für notwendig erachtet. Ein gemeinsames Bewusstsein für die uns betreffenden Herausforderungen und ihre phänomengerechte Artikulation scheint mir dabei fürs Erste sinnvoller zu sein, als ein Katalog von gemeinsamen, wenig konkreten Forderungen, die vor allem dazu dienen sollen, in umfassender Weise eine gemeinsame Theologie und Ethik zu formulieren. Für das Problem des Friedens in der Welt, aber auch vor Ort, scheint allemal ein sensibles Gespür und Wahrnehmungsvermögen für die offenen wie subtilen Grausamkeiten,

---

[18] Das hat natürlich Konsequenzen für die Reichweite und kommunikative Sinnhaftigkeit von Stellungnahmen, wie sie Kundgebungen von Synoden naturgemäß darstellen. Einerseits ist ihr Zweck, eine pointierte Position zu wichtigen gesellschaftspolitischen Themen zu geben. Andererseits dürfen sie nicht in Verdacht geraten, allzu parteilich oder gar parteipolitisch zu werden. Das Ergebnis ist dann meist, dass man alle wichtigen Aspekte anspricht und sie mit generellen, aber abstrakt bleibenden Forderungen verbindet. Nicht gerechtfertigt ist jedoch, wenn pauschale Urteile vorgenommen werden, die – blickt man auf konkrete Konfliktfelder oder -orte – differenziert hätten vorgenommen werden können (und müssen). Ohne Transparenz der Kriterien oder Maßstäbe geht es jedenfalls nicht. Nur ein Beispiel: Wenn die Kundgebung verlauten lässt: „Die Bilanz militärischer Einsätze, die zur Beendigung von Menschenrechtsverletzungen führen sollen, ist enttäuschend" (EKD 2019, Auftakt), dann wäre zu fragen: Was waren die Erwartungen, mit Blick auf welche Konflikte, um dieses Urteil – das ja nicht ganz abwegig erscheint – so in der Pauschalität als gerechtfertigt erscheinen zu lassen. – Insgesamt wäre es also wünschenswert, entweder von konkreten Handlungsanweisungen bei solchen Stellungnahmen Abstand zu nehmen, oder, was vielleicht deutlich sinnvoller wäre, sie thematisch stärker zu fokussieren. Andernfalls bleiben Visionen einer Gewaltfreiheit unter Maßgabe einer umfassenden, würdebasierten Vertrauenskultur, die zugleich noch Ressourcen schonen will und das Ganze mit dem Ziel einer allseits gerechten Weltordnung anvisiert, viel zu abstrakt, um handlungsleitende Orientierung zu geben,

die wir Menschen einander antun, eine *conditio sine qua non*. Und diese gilt es zuvorderst, konkret auszubuchstabieren, um Orientierung in wie Anstoß zur öffentlichen Debatte, weit über die Kirchen hinaus, zu bieten. Gelänge das, dann müsste man auch nicht davor zurückschrecken, die christliche Beunruhigung im „Fleisch der Gegenwart" pointierter ins Gespräch zu bringen. Denn es stimmt schon: Unsere Friedenskonzeptionen „sind von Güterabwägungen und Verfahrensfragen bestimmt, die eher von pragmatischen Überlegungen als von Visionen und Träumen getrieben werden. Paulus war vermutlich realistischer als die Aufklärer. Er nannte den Frieden Gottes ‚höher als alle Vernunft' (Phil 4,9)" (Lauster 2021, S. 264) – und diesen Frieden Gottes glaubhaft in der Welt zu bezeugen und ihn als handlungsleitenden Impuls und Motivation glaubwürdig zu repräsentieren, ist allemal die primäre Aufgabe der Kirche.

Literatur

Anselm, Reiner. 2020. Gerechtigkeit und Frieden: Impulse für die Weiterentwicklung der Friedensethik angesichts gegenwärtiger weltpolitischer Herausforderungen. In *Differenzierung und Integration. Fallstudien zu Präsenzen und Praktiken eines Öffentlichen Protestantismus*, hrsg. von Christian Albrecht und Reiner Anselm, 103–122. Tübingen: Mohr Siebeck.

Arendt, Hannah. 1998. *Das Urteilen. Texte zu Kants Politischer Philosophie (1982). Hrsg. und mit einem Essay von R. Beiner.* München: Piper Verlag.

Barth, Karl. 1993. *Die Kirchliche Dogmatik, Bd. III/4: Das Gebot Gottes des Schöpfers (1951), Teilband II, Studienausgabe §§ 55–56.* Zürich-Zollikon: TVZ Verlag.

Berlin, Isaiah. 2006. Zwei Freiheitsbegriffe. In *Freiheit. Vier Versuche*, 197–256. Frankfurt/M.: Fischer.

Evangelische Kirche in Deutschland (EKD). 2007. *Aus Gottes Frieden leben – für gerechten Frieden sorgen. Eine Denkschrift des Rates der EKD.* Gütersloh/Hannover, Gütersloher Verlagshaus.

Evangelische Kirche in Deutschland (EKD). 2019. Kirche auf dem Weg des Friedens. Synodenkundgebung. https://www.ekd.de/kundgebung-ekd-synode-frieden-2019-51648.htm. Zugegriffen: 22. Januar 2021.

Gray, John. 2013. *Isaiah Berlin. An Interpretation of His Thought. With a new Introduction by the author.* Princeton/Oxford: Princeton University Press.

Honneth, Axel. 2014. Die Historizität von Furcht und Verletzung. Sozialdemokratische Züge im Denken von Judith Shklar. In *Vivisektionen eines Zeitalters*, 248–262. Berlin: Suhrkamp.

Huber, Wolfgang. 1985. Ist die Friedensfrage eine Bekenntnisfrage? In *Folgen christlicher Freiheit*, hrsg. von ders., 249–269. 2. Aufl. Neukirchen-Vluyn: Neukirchener Verlag.

Jüngel, Eberhard. 2003. Zum Wesen des Friedens. Frieden als Kategorie theologischer Anthropologie. In *Ganz werden. Theologische Erörterungen V*, 1–39. Tübingen: Mohr Siebeck.

Kant, Immanuel. 1968. Zum ewigen Frieden. Ein philosophischer Entwurf. In *Kants Werke. Akademie Textausgabe, Bd. VIII: Abhandlungen nach 1781 (1912/23)*, 341–386. Berlin: de Gruyter.

Lauster, Jörg. 2021. *Der Heilige Geist. Eine Biographie.* München: C.H. Beck.

Mead, George Herbert. 1983. Naturrecht und die Theorie politischer Institutionen (1915). In *Gesammelte Aufsätze. Bd. 2*, hrsg. von Hans Joas, 403–423. Frankfurt/M.: Suhrkamp.

Polke, Christian. 2016. Pluralismus als protestantisches Prinzip. In *Ordnungen religiöser Pluralität. Wirklichkeit – Wahrnehmung – Gestaltung*, hrsg. von Daniel Gerster, Astrid Reuter und Ulrich Willems, 303–325. Frankfurt/M.: Campus.

Polke, Christian. 2019. Kirchen, Staat und der gerechte Friede. Eine evangelische Perspektive. In *Gerechter Frieden als ekklesiologische Herausforderung. Politisch-ethische Herausforderungen. Band 2*, hrsg. von Sarah Jäger und Fernando Enns, 105–137. Wiesbaden: Springer.

Rendtorff, Trutz. 1991. Die Zukunft des Friedens im Schatten der nuklearen Abschreckung oder die Aporie der Friedensziele. In *Vielspältiges. Protestantische Beiträge zur ethischen Kultur*, 159–171. Stuttgart/Berlin/Köln: Kohlhammer Verlag.

Schockenhoff, Eberhard. 2018. *Kein Ende der Gewalt? Friedensethik für eine globalisierte Welt*. Freiburg i. Br.: Herder.

Senghaas, Dieter. 2012. *Weltordnung in einer zerklüfteten Welt. Hat Frieden Zukunft?*. Berlin: Suhrkamp.

Shklar, Judith N. 1991. *American Citizenship. The Quest for Inclusion*. Cambridge (Ma.)/London: Harvard University Press.

Shklar, Judith N. 1997. *Über Ungerechtigkeit. Erkundungen zu einem moralischen Gefühl*. Frankfurt/M.: Fischer.

Shklar, Judith N. 2013. *Der Liberalismus der Furcht. Mit einem Vorwort von A. Honneth und Essays von Michael Walzer, Sayla Benhabib und Bernard Williams, hrsg., aus dem Amerikanischen übersetzt und mit einem Nachwort versehen von Hannes Bajohr*. Berlin: Matthes und Seitz.

Tillich, Paul. 1969. Liebe, Macht, Gerechtigkeit (1954). In: *Gesammelte Schriften Bd. XI: Sein und Sinn. Zwei Schriften zur Ontologie*, hrsg. von Renate Albrecht, 141–225. Stuttgart: Evangelisches Verlagswerk.

Tillich, Paul. 1987. *Systematische Theologie. Bd. III* (1963). 4. Aufl. Berlin/New York: De Gruyter.

Trillhaas, Wolfgang. 1970. *Ethik*. 3. Aufl. Berlin: de Gruyter.

Walzer, Michael. 1996. Von dichter und dünner Solidarität. Moralische Streitfragen daheim und in der Fremde In *Lokale Kritik – globale Standards. Zwei Formen moralischer Auseinandersetzung. Mit einem Nachwort von O. Kallscheuer*, 7–135. Hamburg: Rotbuch Verlag.

Walzer, Michael. 2013. Über negative Politik. In *Der Liberalismus der Furcht. Mit einem Vorwort von Axel Honneth und Essays von Michael Walzer, Sayla Benhabib und Bernard Williams*, hrsg., aus dem Amerikanischen übersetzt und mit einem Nachwort versehen von Hannes Bajohr, 87–105. Berlin: Matthes und Seitz.

Pluralismus in der Friedensethik – Legitimität und Grenzen
Eine Positionsbestimmung aus katholischer Perspektive

Thomas Hoppe

Die Frage danach, wie viel Differenz zwischen normativen Positionen möglich ist, ohne dass sie ihre innere Kohärenz verlieren und in offenen, unversöhnlichen Gegensatz zueinander geraten, stellt sich in vielen sozialen und politischen Zusammenhängen. Die nachstehenden Überlegungen sind daher nicht spezifisch für die Diskussion um Pluralität und Pluralismus in der evangelischen Friedensethik. Sie fassen diese Diskussion vielmehr als Teil eines weiter gespannten friedensethischen Diskurses auf, in dem grundsätzlich alle friedensethisch einschlägigen Positionsbestimmungen Berücksichtigung verdienen, auch

---

T. Hoppe (✉)
Fakultät für Geistes- und Sozialwissenschaften,
Helmut-Schmidt-Universität, Hamburg, Deutschland
E-Mail: hoppe@hsu-hh.de

© Der/die Autor(en), exklusiv lizenziert durch Springer
Fachmedien Wiesbaden GmbH, ein Teil von Springer Nature 2022
H. Stoppel und C. Polke (Hrsg.), *Pluralität und Pluralismus
in der evangelischen Friedensethik*, Gerechter Frieden,
https://doi.org/10.1007/978-3-658-35738-2_5

solche, die keinem explizit religiösen oder theologischen Kontext entstammen.

Methodisch folgen sie dabei der Vorgehensweise, durch die die politische Ethik des Zweiten Vatikanischen Konzils, insbesondere in seiner Pastoralkonstitution *Gaudium et spes,* aber auch die zahlreichen auf soziale und politische Fragen bezogenen Aussagen des amtierenden Papstes, Franziskus I., geprägt sind. Stets wird zunächst von einer Situationsbeschreibung und -analyse ausgegangen, die sich intersubjektiv überprüfbarer Argumente – vor allem sozialwissenschaftlicher und philosophischer Herkunft – bedient und, um ihre ethische Relevanz aufzuzeigen, keiner besonderen, nur für einen Glaubenden mitvollziehbaren Vorannahmen bedarf. Erst im zweiten Schritt folgt eine theologische Deutung und Interpretation der analysierten Zusammenhänge. Diese Herangehensweise hat unmittelbar praktische Konsequenzen, indem sie verhindern kann, dass der unzutreffende Eindruck entsteht, nicht oder anders Glaubende seien als Adressaten der jeweils dargelegten Argumentation nicht im Blick. In diesem Sinne dokumentiert sich in ihnen ein modernes, dynamisch verfasstes, diskursiv angelegtes und ideologiekritisch informiertes Konzept von Erkenntnis, das ein Anliegen aufnimmt, welches sich als „naturrechtlicher Denkansatz" bezeichnen lässt.

Der vorliegende Beitrag konzentriert sich auf die ethisch-systematischen Voraussetzungen für friedensethische Diskurse und die sich aus ihnen ergebenden zentralen inhaltlichen Positionsbestimmungen.

1 Diskursvoraussetzungen und Argumentationsebenen

Konkrete normative Aussagen in praktischen Anwendungszusammenhängen begegnen in aller Regel in Form so genannter gemischter Normen (vgl. Schüller 1980, S. 313 ff.), in denen sich ein moralisches Werturteil mit einem empirischen Tatsachenurteil verbindet. Die Norm: „Man darf nicht mit einem Hammer auf den Kopf eines Menschen einschlagen" stellt dafür ein Beispiel dar: Der moralische Anteil besteht in der Verurteilung tödlicher Gewaltanwendung, der empirische liegt in der Erkenntnis, dass die Benutzung eines Hammers in der angegebenen Weise eben solche tödlichen Folgen bewirkt.

Sollten in ethischen Diskursen Differenzen auftreten, so ist daher zunächst genau zu bestimmen, auf welcher logischen Ebene dies der Fall ist: Sind die moralischen Positionen konsensfähig, die Einschätzungen der empirischen Faktenlage jedoch strittig – wie es in der letzten friedensethischen EKD-Denkschrift zur Frage der nuklearen Abschreckung der Fall war (vgl. EKD 2007, Ziff. 162–164)? Oder ist es umgekehrt? Bezieht sich der Dissens womöglich gar auf beide Quellen der Urteilsfindung?

Eine diskursive Klärung der Gründe für normativethische Dissense verlangt daher zunächst, dass die Argumentationen der Diskurspartner vollständig transparent sind. Dies ist in der Praxis keineswegs immer gegeben, im Gegenteil – gerade in politisch sensiblen Themenbereichen ist damit zu rechnen, dass nicht alle Beweggründe, die die handelnden Akteure leiten, offen gelegt werden. Dies lässt sich beispielsweise an der Geschichte von Abrüstungsverhandlungen ablesen – dass sie in der Regel nur schleppend vorankommen oder ergebnislos enden, hat meist weniger mit der Komplexität der zu verhandelnden Materie selbst zu tun als mit den Rahmenbedingungen und den (zumindest im Raum der Öffentlichkeit) unausgesprochenen Voraussetzungen, unter denen die Verhandlungen stattfinden. Viele dieser Voraussetzungen liegen im Bereich der jeweiligen Innenpolitik der an ihnen beteiligten Länder, in der Blockaden bestehen können, die sich nicht rechtzeitig überwinden lassen, um das Scheitern des Verhandlungsprozesses abwenden zu können. Andererseits eröffnet das Wissen um solche Bedingtheiten auch die begründete Hoffnung darauf, dass sich Konstellationen verändern können und zu einem späteren Zeitpunkt erneut konstruktive Verabredungen möglich werden.

Als Beispiel hierfür mag die Vorgeschichte des Abkommens über die Beseitigung landgestützter nuklearer Mittelstreckensysteme in Europa (INF-Vertrag) von 1987 dienen. Als die Genfer Verhandlungen zwischen dem amerikanischen Unterhändler Paul Nitze und seinem sowjetischen Verhandlungspartner Julij Kwizinski im Herbst 1983 gescheitert waren, wussten beide, dass das negative Verhandlungsergebnis die Unsicherheit in Ost und West nicht abmildern, sondern weiter vertiefen würde. Im Interesse beider Supermächte lag es daher, in möglichst naher Zukunft zu einer tragfähigen Verabredung zu gelangen, bei der das Ziel der Wahrung von Stabilität im Zentrum stehen musste. Über wesentliche Voraussetzungen dafür hatte in Genf bereits Übereinstimmung bestanden. Mit dem Machtwechsel in Moskau 1985, der den innersowjetischen Reformprozess unter Führung des neuen Generalsekretärs der KPdSU, Michail Gorbatschow, möglich machte, wurden dann jene Hürden überwindbar, die 1983 eine Einigung blockiert hatten.

Dies macht deutlich, warum es – über das Erfordernis der Transparenz der Argumentation hinaus – für eine konstruktive Bewältigung krisenträchtiger Entwicklungen nicht genügt, dass die Beteiligten ihre jeweilige Sichtweise konsequent im Sinne einer Anwaltschaft für grundsätzlich durchaus legitime partikulare Interessen vertreten. Es bedarf vielmehr der Einübung in eine systemische Denkweise, in der diese Partikularinteressen als Teil eines Gesamtinteresses aller Beteiligten – hier: dass aus neuen Rüstungsmaßnahmen kein Krieg resultiert – erkennbar werden, und von dem aus sie ggf. zumindest teilweise revidiert werden müssen. Mit Carl Friedrich von Weizsäcker (1976, S. 243 ff.) ist eine solche Denkweise als „weltinnenpolitisch" zu bezeichnen. Das INF-Abkommen wäre nie zustande gekommen, hätte es nicht eine substanzielle Veränderung in den Positionen beider Seiten gegeben, in der den legitimen Sicherheitsinteressen des jeweiligen Gegenübers Rechnung getragen wurde. Zugleich stimmte man darin überein, dass mit den schließlich getroffenen Verabredungen nicht „faule", sondern tragfähige Kompromisse eingegangen wurden, die sich daher auch politisch rechtfertigen ließen. Heute besteht die Notwendigkeit, trotz unvereinbarer Gegensätze hinsichtlich der normativen Grundlagen von Weltordnungspolitik einen *modus vivendi* herbeizuführen, der am Abgrund des Krieges vorbeiführt, zunehmend auch im Verhältnis zwischen den USA und China. Das Einüben in eine weltinnenpolitische Denkweise, die die Sichtweisen und Reaktionen anderer Beteiligter systematisch mitberücksichtigt, stellt so selbst ein unverzichtbares ethisches Desiderat dar.

Weil es erforderlich ist, in ethischen Diskursen präzise zu bestimmen, auf welcher logischen Ebene Dissens besteht und was die Sachgründe hierfür sind, liefe ein Rückzug auf rein thetische, nicht weiter begründete Positionen auf einen Abbruch des diskursiven Verfahrens hinaus: Im Wesentlichen begründungslos vorgetragene

Auffassungen oder solche, die Ausdruck einer *petitio principii* sind (eine These also nicht begründen, sondern nur in anderer sprachlicher Gestalt wiederholen), können nur zur Kenntnis genommen, nicht aber eingehend diskutiert und auf ihre Sachgerechtigkeit hin geprüft werden. Begründungslos vorgetragene Überzeugungen werden allerdings häufig mit dem verwechselt, was man ein Bekenntnis nennt. Diesem Missverständnis gilt es um der Erfolgsaussichten des Diskurses willen ebenso entgegen zu wirken wie mit Blick auf die praktischen Folgen, die sich daraus ergeben können. Ein Bekenntnis, das Ausdruck einer moralischen Überzeugung – letztlich einer Gewissensentscheidung – ist, hat nichts zu tun mit einem Verzicht auf eine entsprechende Begründung – im Gegenteil (vgl. dazu den Beitrag von Christine Schliesser). In der Barmer Theologischen Erklärung (1934) werden deshalb, wenn auch in aller Kürze, die Argumente dafür genannt, warum und in welcher Hinsicht sich die Bekennende Kirche den Assimilierungsversuchen an die NS-Ideologie entgegenstellt.

2 Grenzbestimmungen normativer Pluralität

Da es begründete Unterschiede in normativen Positionen auch dann geben kann, wenn das Fundament moralischer Grundsätze, auf das sie sich beziehen, weitgehend unumstritten ist, bedarf es der Eröffnung eines Diskursraumes für mehr als nur eine normative Auffassung. So erweist sich im friedensethischen Diskurs der Gegenwart die Grundüberzeugung kaum als kontrovers, dass außen- und innenpolitisches, aber auch innergesellschaftliches Handeln auf verschiedenen Ebenen das Ziel anstreben muss, den gewaltförmigen Austrag von Konflikten zu verhindern, mindestens jedoch, ihn zu minimieren. Die vielfältigen Verbindungsgeflechte zwischen Außen- und Innenpolitik und die sich aus ihnen ergebenden Konsequenzen für die Ausarbeitung friedenspolitischer Handlungsstrategien sind gerade seit Ende des Kalten Krieges zum Gegenstand intensiver, sozialwissenschaftlich gestützter Analysearbeit geworden. Zu ihren Resultaten gehört auch die Bestätigung der Annahme, dass unter den heutigen Rahmenbedingungen Außenpolitik sachgemäß als eine Form von Weltinnenpolitik aufzufassen und zu konzipieren ist.

Gegenstand von Kontroversen ist dagegen in der Regel die Frage, wie man dieser grundlegenden friedensethischen Orientierung in den Entscheidungszusammenhängen der praktischen Politik am besten folgen kann. In solchen Kontroversen kommt es besonders darauf an, dass die moralische Integrität der Träger verschiedener Überzeugungen grundsätzlich anerkannt und respektiert wird. Dies gilt jedenfalls so lange, wie nicht ernsthafte Gründe dafür aufgewiesen werden können, dass diese Integrität zu bezweifeln ist, etwa weil jemand, der Respekt für die eigene Sichtweise einfordert, zugleich erkennbar darauf abzielt, die gegnerische Position zu verketzern und den Gesprächspartner herabzuwürdigen. Im Text der Pastoralkonstitution des Zweiten Vatikanischen Konzils findet sich eine prägnante Formulierung für diesen Grundsatz:

> „Oftmals wird gerade eine christliche Schau der Dinge [...] eine bestimmte Lösung in einer konkreten Situation nahelegen. Aber andere Christen werden vielleicht, wie es häufiger, und zwar legitim, der Fall ist, bei gleicher Gewissenhaftigkeit in der gleichen Frage zu einem anderen Urteil kommen. Wenn dann die beiderseitigen Lösungen, auch gegen den Willen der Parteien, von vielen

anderen sehr leicht als eindeutige Folgerung aus der Botschaft des Evangeliums betrachtet werden, so müsste doch klar bleiben, dass in solchen Fällen niemand das Recht hat, die Autorität der Kirche ausschließlich für sich und seine eigene Meinung in Anspruch zu nehmen. Immer aber sollen sie in einem offenen Dialog sich gegenseitig zur Klärung der Frage zu helfen suchen; dabei sollen sie die gegenseitige Liebe bewahren und vor allem auf das Gemeinwohl bedacht sein" (Zweites Vatikanisches Konzil 1965, Nr. 43).

Das zu eröffnende beziehungsweise offen zu haltende Feld des Pluralismus ist zugleich als nur relativ, nicht absolut offen zu verstehen, das heißt es bedarf der Abgrenzung gegenüber Positionen, die in einer ethischen Perspektive nicht akzeptabel sind. In der höheren Mathematik gibt es das Verfahren der „Intervallschachtelung", mit dem bestimmt wird, welche Lösungen für eine komplexe Rechenoperation als vertretbare Lösungen gelten können (also innerhalb des Intervalls liegen) und welche nicht (also außerhalb verbleiben). Idealerweise lässt sich das Intervall durch weitere Rechenschritte in einem iterativen Verfahren enger fassen, so dass sich die Zahl solcher Lösungen verringert, die mathematische Aussage damit präziser wird. Analog dazu müsste es auch in der Ethik darum gehen, gegebene Differenzen nicht nur zu akzeptieren, sondern diskursiv zu klären, wo man es möglicherweise mit nur scheinbaren Dissensen zu tun hat, die in Wirklichkeit auf Missverständnisse oder darauf zurückzuführen sind, dass wesentliche Tatsachen übersehen oder nicht angemessen berücksichtigt wurden. Die Bandbreite dessen, was anschließend – aufgrund der in Form eines Intervalls beschreibbaren „ethischen Unschärfe", die aus dem Sachverhalt selbst resultieren kann – in möglicherweise bleibender Unterschiedenheit ausgesagt werden kann, würde sich nicht nur erwartbar verringern. Es würde sich vor allem nicht den Eindruck einer innerlich unverbundenen Vielfältigkeit nahe legen können, die bei oberflächlicher Betrachtung auf Seiten von Adressaten beziehungsweise Rezipienten mit Beliebigkeit verwechselt werden könnte.

3 Faktischer Pluralismus im friedenspolitischen Paradigma

Die tatsächliche friedensethische Diskurslandschaft bietet bereits eine Projektionsfläche für diesen konzeptionellen Ansatz. Nicht erst seit kurzem, sondern rückverfolgbar bis in die Antike und die vorchristliche Zeit, stehen drei friedenspolitische Grundoptionen in Konkurrenz zueinander: (1) Eine sich als „realistisch" verstehende Position, die die Entscheidungen über Krieg und Frieden, einschließlich der im Krieg für zulässig gehaltenen Mittel, im Wesentlichen von politischen Opportunitätserwägungen abhängig sieht; (2) eine Position, die gerade für solche Entscheidungen eine politisch-ethische Rechtfertigung einfordert und zu diesem Zweck Kriterien der Urteilsfindung zu formulieren sucht; (3) eine Position der grundsätzlichen Verneinung kriegerischer Gewaltanwendung, die ebenfalls auf einer elaborierten ethischen Argumentation beruht.

Nur die Positionen (2) und (3) sind einem friedensethischen Diskurs im engeren Sinne zuzuordnen (liegen also „im Intervall"), dieser muss aber dennoch sorgfältig von denjenigen Beiträgen Kenntnis nehmen, die Vertreter der Position (1) einzubringen haben. Denn es ist damit zu rechnen, dass das Wissen um die faktischen Verhältnisse dadurch wesentlich erweitert wird und die

Informiertheit des friedensethischen Diskurses sowie die Präzision der darin möglichen Aussagen entsprechend anwachsen, auch wenn das friedenstheoretische Paradigma mit den Vertretern der Position (1) nicht geteilt wird. Der Informiertheitsgrad und das Maß an Differenziertheit der friedensethischen Argumentation wiederum sind eine entscheidende Voraussetzung dafür, dass solche Positionsbestimmungen in der politischen Öffentlichkeit als relevant wahrgenommen werden können.

Zudem wäre es ein Missverständnis, Vertreter des realistischen Erklärungsansatzes mit einer Einstellung zu identifizieren, die aus den beobachteten politischen Abläufen und ihrer Interpretation im Licht interessenorientierter Kalküle folgerte, dass diese Herangehensweise an politische Entscheidungen auch ethisch zustimmungsfähig sei, und ihnen damit einen klassischen „naturalistischen Fehlschluss" (vgl. Moore 1970) zu unterstellen. Bedeutende Vertreter des realistischen Paradigmas haben vielmehr auf die damit verbundenen ethischen Probleme explizit hingewiesen (vgl. Hoffmann 1981; Kissinger 2014; Zambernardi 2020; Szücs 2021; Jørgensen und Jorgensen 2020). Da die Relevanz des realistischen beziehungsweise neorealistischen Erklärungsmodells innerhalb der Theoriedebatten im Felde der Internationalen Beziehungen in jüngster Vergangenheit nicht ab-, sondern eher zugenommen hat, ist es auch aus diesem Grund erforderlich, sich ernsthaft mit ihm auseinanderzusetzen. Es wirkt, auch wenn es nicht explizit als solches reflektiert wird, in der praktischen Politik in vielen Bereichen unverändert handlungsleitend und schafft damit eine soziale Realität, die keine friedensethische Stellungnahme ignorieren kann – jedenfalls nicht, soweit sie sich verpflichtet sieht, die voraussehbaren Folgen eigener Handlungsempfehlungen in die ethische Urteilsbildung über sie einzubeziehen.

4 Das Konzept Gerechter Friede und die Aporetik des Gewaltproblems

Die Leitperspektive des gerechten Friedens versucht die herkömmliche Entgegensetzung der Positionen (2) und (3) zu überwinden. Dazu rekurriert sie auf die Basis, die beiden Positionen gemeinsam ist, nämlich die Zielsetzung, die politischen Verhältnisse so umzugestalten, dass sich ein Prozess abnehmender Gewalt, zunehmender Gerechtigkeit und der Verwirklichung einer menschenrechtlich abgesicherten Lebensform, innerhalb einzelner Staaten wie international, vollziehen kann. Diese Zielbestimmung stellt zugleich das ethische Minimum dar, das ein Ansatz, der „innerhalb des Intervalls liegen" will, nicht unterschreiten darf. Sie wird dadurch zu einem der Prüfkriterien für friedensethische Entwürfe. Im Konziliaren Prozess der 1980er Jahre verdichtete sie sich zur Summenformel von der „Überwindung der Institution des Krieges", die ihrerseits auf den maßgeblichen Autor der Heidelberger Thesen, Carl Friedrich von Weizsäcker, zurückgeht. Dieser hatte bei vielen Gelegenheiten auf den inneren Zusammenhang der Handlungsfelder Friedensbewahrung, internationale Gerechtigkeit, Menschenrechtsverwirklichung und Bewahrung der natürlichen Umwelt hingewiesen (vgl. Weizsäcker 1986).

Nur in diesem Rahmen kann es gerechtfertigt sein, der fortdauernden Existenz von Gewaltpotentialen in den internationalen Beziehungen auch durch die Bereithaltung eigener militärischer Mittel zu begegnen. In dieser Hinsicht lässt sich zudem kein Dissens zwischen denjenigen erkennen, die jede Anwendung von Gewalt grundsätzlich ablehnen, und denen, die sie unter extremen Umständen und bedingt, das heißt unter Einhaltung ethischer Grenzziehungen in Bezug auf das Ausmaß der anzuwendenden

Gewalt, bejahen. Indem das Konzept Gerechter Friede den Fokus nicht primär auf Fragen der Eindämmung von Gewalt, sondern auf die Überwindung gewaltträchtiger Verhältnisse selbst richtet, eröffnet es zugleich ein breites Feld von Handlungsoptionen. Diese erscheinen nicht nur von den beiden explizit friedensethisch argumentierenden Positionen (2) und (3) aus sinnvoll und notwendig, sie halten zudem vielfältige Möglichkeiten der gemeinsamen Übernahme praktischer Verantwortung und (zumindest partiell) auch der Kooperation mit Akteuren bereit, die sich selbst nicht ausdrücklich als Vertreter eines friedensethischen Anliegens verstehen. Vieles, was sich unter einem friedensethischen Gesichtspunkt als notwendig erweist, lässt sich auch dadurch politisch plausibilisieren, dass man aufzeigt, wie auf die gleiche Weise dem wohlverstandenen längerfristigen Partikularinteresse eines Staates gedient würde.

Dabei ist weder die ausnahmslos gewaltfreie Option noch diejenige, die Gewaltanwendung unter restriktiven Bedingungen für zulässig hält, davon frei, grundsätzliche und schwerwiegende Einwände auf sich zu ziehen. Das Gewaltproblem zeigt vielmehr eine aporetische Grundstruktur, sobald man es auf seine ethischen Implikationen und faktischen Entwicklungsdynamiken hin untersucht:

Wer ausschließlich für Gewalt vermeidende Strategien optiert, hat keine angemessene Antwort auf die Frage, was zu tun sei, wenn schutzlose Menschen von organisierten Gruppen staatlicher, parastaatlicher oder nichtstaatlicher Gewalttäter angegriffen werden, denen es um die Unterjochung oder sogar Vernichtung ihrer Opfer geht. Gegenüber systematisch durchgeführtem Genozid wie in Ruanda 1994 und anderen schweren, in großem Umfang verübten Verbrechen gegen die Menschlichkeit *(mass atrocities)* ist eine solche Position letztlich wehrlos und läuft auf unterlassene Hilfeleistung für Menschen hinaus, die geschützt beziehungsweise gerettet werden könnten. Die persönliche Entscheidung, auf Gewaltanwendung, die gegen einen selbst gerichtet ist, unter allen Umständen zu verzichten, schließt nicht ein, dass man auch berechtigt wäre, diese Haltung einzunehmen, wenn Leib und Leben Dritter unmittelbar bedroht sind und eine realistische Chance besteht, diese Gefahr abzuwenden. Darin liegt der Grund, warum auch das Friedenswort der Evangelischen Kirche im Rheinland von 2018 bewusst anerkennt, dass es in „eng begrenzten Ausnahmesituationen" einen moralisch legitimen Einsatz von rechtserhaltender Gewalt geben könne.

Umgekehrt steht selbst eine Position, die Gewaltanwendung nur unter restriktiven Bedingungen für ethisch rechtfertigungsfähig hält, vor dem Problem, wie die Einhaltung der zu ziehenden Grenzen im konkreten Fall sichergestellt werden kann. Noch am ehesten bewältigbar erscheint diese Aufgabe in dem nur seltenen Fall, dass die eigene Seite den Kampf mit überwältigender Überlegenheit führt, so dass die Phase der Gewaltanwendung nach sehr kurzer Zeit endet. Aber selbst hier ist zu fragen: Kann „überwältigende Überlegenheit" nicht zugleich ein überwältigendes Ausmaß der zu erwartenden Gewalt bedeuten, wenn auch in kurzer Frist? Hierin lag das zentrale Problem des operativen Vorgehens der Staatengemeinschaft, das auf einem Mandat der Vereinten Nationen beruhte, im zweiten Golfkrieg im Januar/Februar 1991.

Viel häufiger ist jedoch damit zu rechnen, dass einmal begonnene militärische Auseinandersetzungen sich in die Länge ziehen. Obwohl sie schon dadurch immer höhere Opfer fordern, können sie letztlich *politisch* von der zahlenmäßig wie waffentechnisch überlegenen Seite verloren werden, auch wenn sich der Konflikt *militärisch* nicht entscheiden lässt.

Und schließlich wohnt jedem gewaltförmig ausgetragenen Konflikt die Tendenz inne, immer weiter zu eskalieren, und zwar infolge der Eigendynamiken der Gewaltanwendung selbst. Im Wort „Gerechter Friede" der deutschen katholischen Bischöfe (2000) heißt es:

> „Ein ethisches Kernproblem jedes bewaffneten Konflikts liegt [...] darin, dass er eine Eigendynamik freisetzen und deshalb nur allzu leicht in einem Übermaß an Gewalteinsatz enden kann. Auch dort, wo man zunächst annimmt, die Bedingungen für eine Kontrolle des Geschehens seien günstig, wird es auf Dauer immer schwieriger, die Regeln des Rechts im Kriege *(ius in bello)* zu beachten. Die Folgen ihrer Verletzung hat vor allem die Zivilbevölkerung zu erleiden. ... Schon das Zweite Vatikanische Konzil hat dies hellsichtig beschrieben: ‚Die besondere Gefahr des modernen Krieges besteht darin, dass er sozusagen denen, die im Besitz neuerer wissenschaftlicher Waffen sind, die Gelegenheit schafft, [...] Verbrechen zu begehen, und in einer Art unerbittlicher Verstrickung den Willen des Menschen zu den fürchterlichsten Entschlüssen treiben kann' (*Gaudium et spes,* Nr. 80)" (Ziff. 151).

Eine Eskalation droht vor allem deswegen, weil die Bereitschaft, die Kampfhandlungen zu beenden, auf allen Seiten umso geringer wird, je höher die bisher zu beklagenden Opfer sind: Diese sollen schließlich nicht umsonst erbracht worden sein. So sinken mit einem sich in die Länge ziehenden Verlauf zugleich die Chancen auf eine Beendigung der Gewaltanwendung, bis die immer weiter steigenden Opferzahlen schließlich doch zu einer grundsätzlichen Revision des eigenen Vorgehens nötigen. Ein Beispiel für dieses Problem stellt der Konflikt zwischen dem US-amerikanischen Präsidenten Lyndon B. Johnson und seinem Verteidigungsminister Robert S. McNamara im Jahr 1967 dar, in dem es um die Modalitäten einer

Begrenzung und möglichst baldigen Beendigung der zunehmenden Gewalteskalation im Vietnamkrieg ging.

All dies wirkt dem Bemühen entgegen, in bewaffneten Auseinandersetzungen dem ethischen Gebot der Gewaltminimierung zu entsprechen, das überdies zugleich ein Gebot politischer Klugheit ist. Für eine ethische Position, die Gewalt unter restriktiven Bedingungen für zulässig hält, bedeutet dies, nicht hinreichend plausibel machen zu können, dass ihre ethisch durchaus überzeugend begründbaren Forderungen in der politischen Praxis realisierbar sind.

Ohne explizit verbalisiert zu werden, durchzieht die beschriebene aporetische Grundsituation die Kundgebung der EKD-Synode wie ein roter Faden. Sie betont das weite Spektrum der Möglichkeiten, in der internationalen Politik wie in der eigenen Gesellschaft dazu beizutragen, dass in Konflikten, wenn sie sich schon nicht vermeiden lassen, wenigstens keine Gewalt angewendet wird. Durch die Nutzung der Methoden der Gewaltprävention wird im günstigen Fall erreicht, dass eine Situation, in der es keine ethisch unproblematischen Handlungsalternativen mehr gibt, gar nicht erst eintritt.

5 Friedenspolitische Folgen fehlenden Vertrauens in den internationalen Beziehungen

Allerdings zeigt sich eine folgenreiche Schwäche der Argumentation der Kundgebung dort, wo es nach einer eingehenden Sichtung der aktuellen politischen, gesellschaftlichen und rüstungstechnischen Gefahrenpotentiale heißt:

"Vertrauen ist die Grundlage jeder Friedenspolitik und der Schlüssel zu nuklearer Abrüstung" (Evangelische Kirche in Deutschland 2019).

Das Fehlen dieses Vertrauens stellt einen der Hauptgründe dafür dar, dass derzeit Fortschritte etwa im Rüstungskontrollbereich kaum in Aussicht stehen und noch in Kraft befindliche Abkommen in absehbarer Zeit ersatzlos auszulaufen drohen. Daher wäre es wichtig, die Frage nach den Möglichkeitsbedingungen, solches Vertrauen zu begründen, aber eben auch nach den Hindernissen dafür eingehender zu untersuchen. Denn der Umkehrschluss lautet zwangsläufig: Solange diese Hürden nicht substanziell verringert werden, bestehen wenig bis keine Aussichten auf substanzielle Fortschritte im Bereich der Rüstungskontrolle und Abrüstung. Dies droht auch friedenspolitische Bemühungen auf anderen Feldern deutlich zu relativieren, ja zumindest teilweise zu konterkarieren.

Kürzlich hat Nicholas J. Wheeler in der Zeitschrift *International Relations* an einen Artikel aus dem Jahr 1997 erinnert, der von seinem Autor Nicholas Rengger unter dem Titel „The ethics of trust in world politics" publiziert wurde. Auf der einen Seite hält Rengger internationale Kooperation für unmöglich, wenn nicht ein Mindestmaß an Vertrauensvorschuss in den beziehungsweise die Partner in einer solchen Kooperation besteht. Anderseits ist er davon überzeugt, dass diese Basis für eine kooperative Gestaltung jedenfalls unter den politischen und sozialen Bedingungen der Gegenwart nicht stabil ist, und dass ihre Fragilität zunimmt:

"it is not clear that this [trust] would survive a prolonged period where the institutions of governance themselves were systematically mistrusted" (Rengger 1997, S. 479).

Bereits damals verwies Rengger beispielhaft auf die Entwicklung der Bemühungen um eine verstärkte europäische Integration. Jedenfalls aber gebe es weltweit nicht das, was Francis Fukuyama vor Augen habe, um darauf gegründet einen einseitigen Vertrauensvorschuss zu rechtfertigen, nämlich

> „a community of regular, honest and cooperative behaviour, based on commonly shared norms" (Fukuyama 1995, zit. bei Rengger 1997, S. 482).

Selbst den Realisierungschancen seiner eigenen Vorschläge, wie sich diese Situation, die keine Berechenbarkeit, erst recht keine Verlässlichkeit des Staatenverhaltens in Aussicht zu stellen vermag, verbessern ließe, steht Rengger mit Skepsis gegenüber.

Wo ein Minimalvertrauen als ethische Basis fehle, sei man zwangsläufig auf das eigennutzbezogene Kalkül jedes einzelnen Akteurs zurückgeworfen, auf das allein man eine stabile internationale Ordnung jedoch nicht gründen könne. Folgerichtig stellt sich die Frage:

> „So do we end up with a ‚realist' conclusion after all? Is it the case that asserting the significance of the ethics of trust in world politics is indeed a quest for fool's gold?" (Rengger 1997, S. 484).

In einem seinerzeit viel beachteten Aufsatz hatte bereits 1990 einer der führenden Vertreter des realistischen Erklärungsmodells, der US-Amerikaner John Mearsheimer, auf den Begriff gebracht, worin das Grundproblem des Vertrauens angesichts der politischen Verfasstheit der Welt, wie sie ist, bestehe – es gebe

„little room for trust among states because a state may be unable to recover if its trust is betrayed" (Mearsheimer 1990, 12, zit. bei Wheeler 2020, S. 636).

Dort, wo Macht asymmetrisch verteilt sei, also einzelne Staaten im Verhältnis zu anderen Staaten erheblich überlegene Mittel ins Spiel bringen könnten, trete diese Problematik noch verschärft zutage. Sie wird sichtbar nicht nur an der Machtlosigkeit des Völkerbundes im Umgang mit den krisenhaften und zunehmend kriegsträchtigen Entwicklungen der 1930er Jahre, die seinen Strukturen inhärent war, sondern ebenso an den Belastungsgrenzen, an die klassische politische Bündnisse zwischen einzelnen Staaten und Staatengruppen in schweren Krisensituationen immer wieder stießen und stoßen.

Für diese Implikationen des „Sicherheitsdilemmas" und die daraus folgenden Konsequenzen existiert bis heute keine überzeugende Lösung. Vorschläge zum Umgang mit den damit einhergehenden Gefahren gelten daher der Minderung des Risikopotentials, ohne die dadurch definierte internationale Situation grundsätzlich verändern zu können. Allerdings ist das Bewusstsein erheblich angewachsen, als wie prekär diese Situation sich erweist, wenn man ihre konstitutiven Merkmale eingehender betrachtet. Es gehört mittlerweile zum *state of the art* professioneller Politikberatung durch *Think Tanks,* die Risiken sorgfältig zu analysieren, die sich mit jedem eigenen Schritt aus der Perspektive der Gegenseite für die Gesamtsituation ergeben, und erwartbaren, aber unerwünschten Fehlperzeptionen des Gegenübers nach Möglichkeit entgegenzuwirken.

Da mangelndes oder gänzlich fehlendes Vertrauen eine wesentliche Ursache dafür ist, dass sich gerade lang andauernde Konflikte so schwer befrieden lassen, sollten sich friedensethische Verlautbarungen der Kirchen mit den damit zusammenhängenden Einzelproblemen stärker auseinandersetzen, als es in der Vergangenheit häufig der Fall war. Für Mittel- und Osteuropa wie für den Nahen und Mittleren Osten gilt, dass die Einstellungsmuster der einander befehdenden Parteien oft erst verständlich werden, wenn man sie vor dem Hintergrund einer teils Jahrhunderte langen wechselvollen Geschichte zur Kenntnis nimmt, die oftmals negative Erfahrungen nicht nur mit Nachbarstaaten oder benachbarten ethnischen und/ oder religiösen Gruppierungen, sondern auch mit intervenierenden Mächten von außerhalb der Region mit sich brachten. Dem Ziel des gerechten Friedens näher zu kommen, verlangt daher gerade auch auf diesem Gebiet ein engagiertes Zusammenwirken von Pazifisten und Nichtpazifisten, das nicht an den Grenzen einer verfassten partikularen Kirchengemeinschaft enden darf.

Kritisch zu prüfen sind die in diesem Kontext begegnenden Narrative, die oft bis heute Vereinseitigungen zu Lasten der gegnerischen Gruppierung beinhalten. Im Kontext des Balkankonflikts ab 1991 ließ sich vor allem auf serbischer und auf kroatischer Seite studieren, wie eine selektive Geschichtserzählung als Legitimierungsstrategie aktueller Gewalt und zur Produktion von kollektiven Feindbildern, ohne die solche Gewaltanwendung nicht möglich wird, verwendet werden kann. Denn ungeachtet ihres Wahrheitswertes erzeugen selektive Narrative insofern neue soziale Realität, als Menschen, die sie sich ungeprüft zu eigen machen, aus den damit verbundenen Überzeugungsgewissheiten heraus handeln und erneut Gewalthandlungen mit ihren irreversiblen Folgen freisetzen. Was als „Kreislauf der Gewalt" beschrieben wird, ist dann kein unausweichlicher, nahezu schicksalhafter Geschehensablauf, sondern ein Ereigniszusammenhang, der sich unterbrechen und dessen Richtung sich korrigieren lässt, indem man die Perzeptionen und Einstellungsmuster der Konfliktbeteiligten selbst zu verändern sucht – vor allem das Bild, das sie im Blick auf die gegnerische soziale Gruppe beherrscht.

6 Friedensethische Anfragen an die evangelische Sozialethik

Vor diesem Hintergrund stellen sich Fragen an die beiden in der evangelischen Sozialethik dominierenden Optionen – die Lehre von der Königsherrschaft Christi einerseits, die Zwei-Regimenten-Lehre andererseits. Im Blick auf die erstgenannte Option gelten sie den Erkenntnisquellen für moralische Urteile: Wie lässt sich vermeiden, dass man sich nicht argumentativ überprüfbar, sondern wesentlich auf der Basis von Evidenzen anderer Art und anderen Ursprungs auf göttlichen Willen bezieht? Was sind die Kriterien der Unterscheidung, die es möglich machen, der Gefahr zu entgehen, dass man eine solche Überzeugung irrtümlich als Einsicht in den göttlichen Willen interpretiert? Der unmittelbare Rekurs auf einen vermeintlich sicher erkannten göttlichen Willen hat in der Geschichte der Religionsgemeinschaften viel Gewalt, nicht nur physischer Art, erzeugt und scheinbar zu rechtfertigen vermocht. Die Gefahren dieser Denkform sind alles andere als gebannt, und sie lebt nicht nur im Kontext fundamentalistischer Positionierungen weiter.

Hinsichtlich der Zwei-Regimenten-Lehre ist demgegenüber (mit Karl Barth und Dietrich Bonhoeffer) mit der Gefahr zu rechnen, dass der Spielraum für die Eigengesetzlichkeit der Weltverhältnisse überdehnt wird, indem ihnen gegenüber die ethische Frage – also auch die Möglichkeit eines begründeten Einspruchs gegen die in diesen Verhältnissen wirkenden Prozesslogiken – zu sehr zurückgenommen wird. Wenn die skeptische Analyse zutreffen sollte, dass es in der internationalen Politik nie um Demokratie und Menschenrechte, sondern stets nur um die Interessen von Staaten gehe (und nicht nur die aktuelle Flüchtlingspolitik in Europa wirkt wie eine Bestätigung dafür!), dann läuft eine Grundorientierung an der Zwei-Regimenten-Lehre Gefahr, in ethischen Stellungnahmen zur internationalen Politik die Implikationen einer Logik tatsächlicher politischer Prozesse zu unterschätzen, die sich zur ethischen Perspektive konträr verhalten kann.

Nicht zuletzt aus diesem Grund ist es notwendig, sich mit den ethischen Problemen auseinander zu setzen, die ein „realistisches" theoretisches Erklärungsmodell für den tatsächlichen Charakter der internationalen Beziehungen sowohl als vorfindlich konstatiert wie in Teilen selbst erzeugt – dann nämlich, wenn man bereit ist, sich dieser Logik des Handelns zu unterwerfen. Hinter der faktischen Pluralität friedensethischer Positionen stehen daher erkenntnistheoretische und methodische Vorannahmen beziehungsweise -entscheidungen von teilweise großer praktischer Tragweite. Deswegen muss im Dialog auch dieses jeweilige Vorverständnis thematisiert werden.

Literatur

Barmer Theologische Erklärung. 1934. https://www.ekd.de/Barmer-Theologische-Erklarung-Thesen-11296.htm. Zugegriffen: 18. Januar 2021.

Die deutschen Bischöfe (Hrsg.). 2000. *Gerechter Friede*. Bonn: Sekretariat der deutschen Bischofskonferenz.

Evangelische Kirche in Deutschland (Hrsg.). 2007. *Aus Gottes Frieden leben – für gerechten Frieden sorgen.* https://www.ekd.de/ekd_de/ds_doc/2007_ekd_friedensdenkschrift.pdf. Zugegriffen: 18. Januar 2021.

Evangelische Kirche in Deutschland (Hrsg.). 2019. Kundgebung der 12. Synode der Evangelischen Kirche in Deutschland auf ihrer 6. Tagung „Kirche auf dem Weg der Gerechtigkeit und des Friedens". https://www.ekd.de/ekd_de/ds_doc/Kundgebung-Kirche-auf-dem-Weg-der-Gerechtigkeit-und-des-Friedens.pdf. Zugegriffen: 18. Januar 2021.

Evangelische Kirche im Rheinland (Hrsg.). 2018. *Friedenswort 2018 „Auf dem Weg zum gerechten Frieden" anlässlich des Endes des Ersten Weltkrieges,* https://www.ekir.de/www/downloads/DS28FriedenswortEKiR2018.pdf. Zugegriffen: 18. Januar 2021.

Fukuyama, Francis. 1995. *Trust. The social virtues and the creation of prosperity,* London.

Hoffmann, Stanley. 1981. *Duties beyond Borders. On the Limits and Possibilities of Ethical International Politics.* Syracuse: Syracuse University Press.

Jørgensen, Knud Erik, und F Asli Ergul Jorgensen. 2020. Realist theories in search of realists: The failure in Europe to advance realist theory. *International Relations* 35 (1): 3–22.

Kissinger, Henry. 2014. *World Order.* New York: Penguin Books.

Mearsheimer, John. 1990. Back to the Future. Instability in Europe after the Cold War. *International Security* 15 (1): 5–56.

Moore, George Edward. 1970. *Principia Ethica.* Stuttgart: Reclam.

Rengger, Nicholas. 1997. The ethics of trust in world politics. *International Affairs* 73 (3): 469-489.

Schüller, Bruno. 1980. *Die Begründung sittlicher Urteile. Typen ethischer Argumentation in der Moraltheologie.* 2. Aufl. Düsseldorf: Patmos.

Szücs, Zoltán Gábor. 2021. In defence of a liberal realism and a realist political ethics. On Edward Hall's „Value, Conflict, and Order". *European Journal of Political Theory.*

Weizsäcker, Carl Friedrich von. 1986. *Die Zeit drängt. Eine Weltversammlung der Christen für Gerechtigkeit, Frieden und die Bewahrung der Schöpfung.* München: Hanser.

Weizsäcker, Carl Friedrich von. 1976. *Wege in der Gefahr. Eine Studie über Wirtschaft, Gesellschaft und Kriegsverhütung.* München: Hanser

Wheeler, Nicholas J. 2020. ‚A presumption of trust' in international society. International Relations 34 (4): 634–641.

Zambernardi, Lorenzo. 2020. The limits of power: Knowledge, ethics, and foreign policy in Hans J. Morgenthau's international theory. *International Relations.* doi: https://doi.org/10.1177/0047117820935621. Zugegriffen: 23. März 2021.

Zweites Vatikanisches Konzil. 1965. Pastoralkonstitution *Gaudium et spes.* Rom: Vatikan.

Kirche der Gewissen oder das Gewissen der Kirche?

Innerkirchlicher Pluralismus in der Spannung zwischen individuellem Gewissensentscheid und Allgemeinverbindlichkeit

Christine Schliesser

1 Einleitung

Die christliche Hochschätzung des Gewissens reicht weit zurück. Zentrale Wegmarken führen von Paulus und dessen Unterscheidung zwischen einem „schwachen" und einem „starken" Gewissens (1 Kor 8) über Martin Luthers legendäre Berufung auf sein Gewissen, die er den weltlichen und geistlichen Autoritäten seiner Zeit entgegenschleuderte, bis hin zu einer Gesamtinterpretation des Protestantismus als „Gewissensreligion"

C. Schliesser (✉)
Institut für Sozialethik, Universität Zürich, Niederweningen, Schweiz

(Holl 1948, S. 35), deren Prinzip die innere Glaubens- und Gewissensfreiheit wurde. Zugleich reicht die christliche Hochschätzung des Gewissens über das Christentum hinaus, indem sie auch das Selbst- und Rechtsverständnis von Menschen prägt, die sich nicht der christlichen Religion zugehörig fühlen. Im Grundgesetz der Bundesrepublik Deutschland zeigt sich diese Hochschätzung des Gewissens in Art. 4 Abs. 1, wo „die Freiheit des Gewissens" – ebenso wie die „Freiheit des Glaubens" und die „Freiheit des religiösen und weltanschaulichen Bekenntnisses" – für „unverletzlich" erklärt werden. Konkreter Ausdruck dafür ist die Bestimmung in Art. 4 Abs. 3, dass „niemand […] gegen sein Gewissen zum Kriegsdienst mit der Waffe gezwungen werden" darf. Die EKD-Thesenreihe „Gewissensentscheidung und Rechtsordnung" (1997) sieht daher zu Recht in diesen rechtlichen Implikationen der Gewissensfreiheit „– zumindest auch – eine weltliche Auswirkung der dem christlichen Glauben eigentümlichen Hochschätzung des Gewissens" (EKD 1997, These 1.2).

Der individuelle Gewissensentscheid ist damit zentraler Bestandteil ethischer Verantwortung, dessen Achtung mit der Anerkennung der Würde der Person unmittelbar verbunden ist. Zugleich aber entzünden sich an individuellen Gewissensentscheiden oftmals heftige Kontroversen, gerade weil sie für andere nicht immer einsichtig sind. In der Vergangenheit verbanden sich diese im kirchlichen Kontext mit Themen wie der atomaren Bewaffnung, Kirchenasyl oder einer Militärsteuerverweigerung aus Gewissensgründen, an denen die Spannung zwischen individuellem Gewissensentscheid und Allgemeinverbindlichkeit offen zu Tage trat. Wie aber ist in einem pluralen Umfeld, wie es auch die Kirche selbst darstellt, mit dieser Spannung umzugehen? Welche Rolle spielt das je individuelle Gewissen? Und was hat die Kirche dem Gewissen zu sagen? Und das Gewissen der Kirche?

Der vorliegende Beitrag nähert sich diesen Fragen in folgenden Schritten. In einem ersten Schritt wird der Gewissensentscheid im Spannungsfeld zwischen Individualität und Allgemeinheit aus theologiegeschichtlicher Perspektive streiflichtartig beleuchtet, bevor es, zweitens, um die moralische wie auch transmoralische Dimension des Gewissens geht und das Gewissen mit Dietrich Bonhoeffer als „Ruf der menschlichen Existenz zur Einheit mit sich selbst" (Bonhoeffer 1992, S. 277) gefasst wird. In einem dritten Schritt wird das mündige Gewissen unter den Aspekten der Urteilsfähigkeit, Verbindlichkeit und Kritikfähigkeit entfaltet. Daran schließen sich fünf Thesen zum Umgang mit der Spannung zwischen individuellem Gewissensentscheid und Allgemeinverbindlichkeit an. Das wieder beziehungsweise immer noch aktuelle Beispiel der Legitimität nuklearer Abschreckung dient schließlich dazu, die bisherige Diskussion zu illustrieren.

2 Der Gewissensentscheid im Spannungsfeld zwischen Individualität und Allgemeinheit

In der Spannung zwischen individuellem Gewissen und einem Kollektiv, hier: die Kirche, zeigt sich das ethische Hauptproblem einer Berufung aufs Gewissen. Denn einerseits verfügen nur Individuen über ein Gewissen, nicht aber Kollektive.[1] Zugleich aber muss auch eine

---

[1] Ein Gewissensentscheid kann stets nur individuell sein. Dies spiegelt sich im deutschen Grundgesetz Art. 4 Abs. 1 wider, wenn dort die Gewissensfreiheit

Gewissensentscheidung, auf die sich das Individuum beruft, nach außen vertretbar und nachvollziehbar sein. Das unterscheidet eine Gewissensentscheidung von einer Laune. Dabei gilt, dass dadurch zwar die Ernsthaftigkeit einer Gewissensentscheidung (bedingt) von außen feststellbar wird, nicht aber ihr Wahrheitsanspruch. Auf beide Dimensionen innerhalb des Gewissens weist Georg Wilhelm Friedrich Hegel hin: Das Gewissen „drückt die absolute Berechtigung des subjektiven Selbstbewusstseins aus, nämlich in sich und aus sich selbst zu wissen, was Recht und Pflicht ist, und nichts anzuerkennen, als was es so als das Gute weiß, zugleich in der Behauptung, dass, was es so weiß und will, in Wahrheit Recht und Pflicht ist" (Hegel 1970, § 137). Wie aber ist mit dieser Spannung zwischen Individualität und Allgemeinheit, Gewissensentscheid und Wahrheitsfähigkeit umzugehen? Dazu zunächst ein kurzer Blick in die theologische Tradition:

---

als individuelles Freiheitsrecht gefasst wird, das nur vom Einzelnen für sich je persönlich in Anspruch genommen werden kann. Dieser Auffassung steht es jedoch explizit nicht entgegen, dass die Herausbildung der eigenen Meinung sowie die ethische Urteilsbildung, auf die sich ein Gewissensentscheid bezieht, auf die Kommunikation mit anderen angewiesen ist und im Austausch mit anderen Perspektiven erfolgt. Dabei sind zwei Aspekte hervorzuheben. Erstens, Menschen können sich aus gemeinsamen, geteilten Gewissensgründen zu einem gemeinsamen Handeln entschließen. Die Verantwortung für die Gewissensentscheidung geht dabei jedoch nicht auf das Kollektiv über, sondern verbleibt beim Einzelnen. Dem wird aus rechtlicher Perspektive Rechnung getragen, wenn allfällige Strafen etwa bei strafbarem zivilen Ungehorsam aus Gewissensgründen nicht kollektiv, sondern individuell auferlegt werden. Zweitens ist von einem „Kollektivgewissen", das auszuschließen ist, ein „Kollektivethos" zu unterscheiden. Dieses Kollektivethos bezieht sich auf gemeinsame, geteilte Lebensinteressen und tiefgreifende Überzeugungen, die sich wiederum aus einer Vielzahl an sozio-kulturellen, religiösen bzw. weltanschaulichen Quellen speisen. Während die Bildung des individuellen Gewissens (vgl. 4.1) nicht unabhängig vom Kollektivethos verläuft, ist es nicht zwangsläufig mit diesem identisch.

Thomas von Aquin – dessen Verständnis vom Gewissen insbesondere die katholische Tradition nachhaltig geprägt hat – unterscheidet zwei Dimensionen im Gewissen: in Anlehnung an Röm 2,14 ein allgemeines moralisches Urwissen um Gut und Böse *(synteresis)* einerseits und das jeweilige Urteil in konkreten Situationen *(conscientia)* andererseits. Während die *synteresis* durch den Sündenfall keinen Schaden genommen hat und durch ein „dem Bösen Entgegenmurmeln und Hinneigen zum Guten"[2] richtige, am Naturrecht orientierte Einsichten ermöglicht, kann die *conscientia* durchaus fehlbar sein kann.[3] Im Konfliktfall tritt das kirchliche Lehramt als Entscheidungsinstanz auf den Plan. Die Spannung zwischen individuellem Gewissen und kirchlicher Stimme wird hier also zugunsten der kirchlichen Autorität aufgelöst.

Ein anderer Umgang mit dieser Spannung zeichnet sich in der Reformation ab. Konfrontiert mit den Machtansprüchen kirchlicher und staatlicher Autorität sieht sich Martin Luther bekanntlich seinem Gewissen verpflichtet, „weil wider das Gewissen zu handeln nicht sicher und nicht lauter ist" (Luther 1521c, S. 838).[4] Doch schon vor seiner Reise nach Worms unterscheidet Luther in einer Predigt drei Dimensionen des Gewissens (Luther 1521b, S. 795–802, vgl. Huber 2013, S. 105). Der rituelle Sinn zeigt sich in den sozialen Pflichten, die man befolgen soll, während der ethische Sinn in Haltungen wie Geduld und Friedfertigkeit zum Tragen

---

[2] „Remurmurare malo et inclinare ad bonum" (Thomas von Aquin 1986, q 16 a. 1 ad 12).

[3] Für den „Philosophen des Protestantismus" Immanuel Kant hingegen ist „ein irrendes Gewissen" geradezu „ein Unding". Um die Irrtumsfreiheit des Gewissens nicht zu gefährden, schreibt Kant daher die Anwendung auf konkrete Urteile und Handlungen nicht dem Gewissen selbst zu, sondern dem praktischen Vernunfturteil (Kant 1907, S. 401).

[4] „Cum contra conscientiam agere neque tutum neque integrum sit."

kommt, die den Menschen auf dem rechten Wege leiten. Doch merkt der Mensch rasch, dass er nicht aus eigener Kraft diesen rechten Weg gehen kann, sondern dabei auf Gottes Gnade angewiesen ist. In der befreienden Erfahrung des Neuanfangs wird somit der theologische Sinn des Gewissens deutlich. Das von tödlicher Selbstanklage befreite Gewissen ist nun eins mit dem Glauben und auf die Liebe zum Nächsten ausgerichtet.[5] Durch seine Ausrichtung auf Gott und den Nächsten hat das Gewissen für Luther einen unhintergehbaren relationalen Charakter. Im reformatorischen Ringen um Gewissens- und Glaubensfreiheit lassen sich zudem zentrale Aspekte des neuzeitlichen Menschenrechtsgedankens erkennen, deren rechtliche Bedeutung unter anderem in Art. 4 GG festgehalten wird.

3 Das Gewissen als transmoralische und moralische Instanz: Sein und Handeln

Der Begriff des Gewissens ist hochgradig umstritten. Bereits Richard Rothe stellte fest, dass „der Sprachgebrauch […] hinsichtlich desselben ein so ungeheuer chaotischer und vager" (Rothe 1869, S. 21) ist, dass nähere Bestimmungen notwendig werden. Folgt man dem Wortsinn der Begriffe *syneidesis* beziehungsweise *conscientia*, so zeigt sich das Gewissen als ein „Mitwissen" und ein „Mitwissen mit sich selbst". In der biblischen

---

[5] Luther bedient sich hier des Bildes eines Kuchens, dessen Bestandteile nicht mehr voneinander zu trennen sind. „[…] also kann man auch das gewissen nit tadlen, wann es ist ain kuchen worden auß dem wort und glauben" (Luther 1522, S. 271).

Tradition ist der Begriff im Alten Testament nicht zu finden, wohl aber das damit gemeinte Phänomen.[6] Im Neuen Testament hingegen setzt Paulus den Begriff bei seiner Leserschaft als bekannt voraus.[7] Im neutestamentlichen Sprachgebrauch drückt der Begriff *syneidesis* das ganze „erkennende und handelnde Selbstbewusstsein" (Maurer 1964, S. 913) aus. Es geht also – neben moralischen Normen und Überzeugungen – zutiefst um die Wahrung der personalen Integrität. Diesem auf die ganze Person zielenden Verständnis des Gewissens entspricht es, wenn das Bundesverfassungsgericht die „Gewissensentscheidung" versteht als ein „unmittelbar evidentes Gebot unbedingten Sollens", das „den Charakter eines unabweisbaren, den Ernst eines die ganze Persönlichkeit ergreifenden sittlichen Gebots" aufweist.[8] Dietrich Bonhoeffer macht auf diese Dimension aufmerksam, indem er das Gewissen als den „Ruf der menschlichen Existenz zur Einheit mit sich selbst" (Bonhoeffer 1992, S. 277) versteht. Das Gewissen wird hier also als „transmoralische, fundamentalanthropologische Instanz" (Reuter 2012, S. 293) gefasst. Entsprechend ist das Gewissen nicht nur auf ein bestimmtes Tun, sondern auch auf ein bestimmtes Sein gerichtet. Neben die moralische Dimension des Gewissens tritt seine transmoralische Dimension. Wer seinem Gewissen entsprechend handelt, bleibt sich selbst treu. Aus dieser formalen Bestimmung wird deutlich, dass ein Handeln gegen das Gewissen letztlich zur Spaltung des eigenen Selbst, zur „Schizophrenie" führt.

---

[6] Im Alten Testament ist es oftmals das „Herz", das die Funktion des Gewissens übernimmt (vgl. 1 Sam 24,6; 1 Kön 2, 44).
[7] Vgl. Röm 2, 15, 1 Kor. 8, 7–13.
[8] Entscheidungen des Bundesverfassungsgerichts BVerfGE 12, 45 < 54 f.> .

Neben der formalen Bestimmung des Gewissens als Ruf zur Wahrung der personalen Integrität und Identität zeigt sich für Bonhoeffer die inhaltliche Bestimmung des Gewissens in der theologischen Dimension, indem nämlich der Mensch den Anspruch erhebt, seine Identität und Integrität selbst sichern zu wollen. In der Bindung an dieses selbstgefundene Gesetz – das konkret ganz unterschiedliche Gestalt annehmen kann und nach Bonhoeffer etwa auch durch die Person Adolf Hitlers ausgefüllt werden kann – bleibt der Mensch jedoch unfrei. Indem nun Christus das Gewissen befreit, wird zugleich die Einheit menschlicher Existenz hergestellt, die in Christus liegt. Auch bei Bonhoeffer findet sich daher ein relationales, nun christologisch zugespitztes Verständnis des Gewissens: „Jesus Christus ist mein Gewissen geworden. Das bedeutet, dass ich die Einheit mit mir selbst nur noch in der Hingabe meines Ich an Gott und die Menschen finden kann" (Bonhoeffer 1992, S. 279). Seine Überlegungen zum in Christus befreiten Gewissen führen Bonhoeffer schließlich zu dem in der protestantischen Ethik ungewöhnlichen Konzept der notwendigen verantwortlichen Schuldübernahme, wenn er konstatiert: „Jeder verantwortlich Handelnde [wird] schuldig" (Bonhoeffer 1992, S. 276, vgl. Schliesser 2006). Zugleich weist Bonhoeffer jedoch daraufhin, dass auch das in Christus befreite Gewissen ein Ruf zur Einheit mit sich selbst bleibt. Wie das Identitätsbewusstsein jedes Einzelnen ist auch die Tragkraft jeder Einzelnen unterschiedlich. Gewissensentscheide sind daher zutiefst individuell – und nicht vor Fehlern gefeit, wie sich gleich noch genauer zeigen wird.

Die transmoralische Dimension des Gewissens hebt die moralische freilich nicht auf, sondern beide bleiben unausweichlich aufeinander bezogen. Während das Gewissen einerseits die je eigene Identität und Integrität zu wahren sucht, ist es zugleich eine Urteilskraft, die die konkreten Taten einer Person beurteilt. Luther weist darauf hin, wenn er festhält: „Das Gewissen ist nämlich kein Kraft des Handelns, sondern eine Urteilskraft, die über die Handlungen urteilt" (Luther 1521a, S. 606).[9] Im Gewissen wird der Mensch auf seine Fähigkeit angesprochen, Gut und Böse zu unterscheiden und dieses Wissen in die Tat umzusetzen. „Im Gewissen unterbricht der Mensch sich selbst, indem er sich selbst gegenüber auf Wahrheit besteht" (EKD 1997, These 24). Die Wahrheit, die den Menschen in seinem Gewissen als absolut und unhintergehbar konfrontiert, ist dabei getragen von der Einsicht in den „stückwerkhaften" Charakter menschlicher Erkenntnis (1 Kor 13, 9). Sie kann daher stets nur subjektiven Geltungsanspruch aufweisen, das heißt die den Menschen im Gewissensentscheid behaftende Wahrheit trägt den Charakter der Wahrhaftigkeit (vgl. 4.3). Der Wahrhaftigkeit entspricht das Bemühen, den je individuellen Gewissensentscheid auch nach außen hin möglichst plausibel und nachvollziehbar darzustellen.

Der Gewissensentscheid kann dabei antizipierend erfolgen, wenn beispielsweise in der Entscheidung, den Militärdienst zu verweigern, mögliche Konsequenzen (das Töten von Menschen im Kriegsfall) der betreffenden Handlung (Leisten des Militärdiensts) im Vorfeld bedacht und beurteilt werden. Der Gewissensentscheid kann aber auch im Nachhinein erfolgen, wenn eine Handlung – die auch das Unterlassen miteinschließt – rückblickend vom Gewissen geprüft und bewertet wird. Während das Gewissen hier als Urteilskraft verstanden wird, ist es zugleich eng verbunden mit der Urteilsbildung. Diese

---

[9] „Conscientia enim not est virtus operandi, sed virtus iudicandi, quae iudicat de operibus."

wurde lange primär kognitiv verstanden, doch weist die jüngere Emotionenforschung auch auf die Rolle von Emotionen bei der ethischen Urteilsfindung hin (vgl. Ammann 2007). Auf die vielfältigen Prozesse, die auf die Urteilsbildung wie auch auf die Urteilskraft einwirken, wird unten nochmals näher eingegangen (vgl. 5.1).

4 Das mündige Gewissen: Urteilsfähigkeit, Verbindlichkeit, Kritikfähigkeit

Auf Grundlage des Vorangegangenen lassen sich drei Dimensionen benennen, die ein mündiges Gewissen auszeichnen.

In seiner *Urteilsfähigkeit* zeigt sich das Gewissen in der Lage, Handlungsziele und Handlungsweisen unter moralischen Gesichtspunkten zu bewerten. In der Beurteilung als „gut" oder „schlecht", „richtig" oder „falsch" zeigen sich jedoch nicht notwendigerweise zeitlose Werturteile, sondern es besteht zugleich die Möglichkeit, zugrundeliegende Prinzipien und Haltungen zu reflektieren. Im Gewissen verantwortet der Mensch sein Tun. „Er tut es, indem er als Glaubender sein Gewissen durch Gottes Wort leiten lässt und auf seine Weisungen hört und sich von ihr zum verantwortlichen Gebrauch seiner Vernunft anleiten lässt" (EKD 1997, These 26). In seiner Urteilsfähigkeit macht das Gewissen auch auf mögliche Widersprüche zum eigenen Selbst aufmerksam und damit auf Gefahren für die Integrität der eigenen Identität. Darin wird – neben der moralischen – zugleich die transmoralische Dimension des Gewissens deutlich.

Alltägliche Gewissenskonflikte wie auch außergewöhnliche Dilemmasituationen verweisen auf die innere *Verbindlichkeit* des Gewissens. In diesen Erfahrungen zeigt sich das drängende, unverhandelbare Moment des Gewissens, das sich gegebenenfalls auch in Widerständen bewährt und unter Umständen bereit ist, negative Konsequenzen für die eigene Überzeugung in Kauf zu nehmen. Zwar wird die Ernsthaftigkeit eines Gewissensentscheid immer nur bedingt von außen prüfbar sein, doch kann es ein Gradmesser der Glaubhaftigkeit sein, wenn auch der leidvolle Prozess des Gewissensurteils deutlich wird.

Aus der Individualität des Gewissensurteils folgt, dass damit kein Allgemeingültigkeitsanspruch erhoben werden kann. Während einerseits gilt, dass das Gewissen den Menschen auf der Wahrheit behaftet, ist diese Inanspruchnahme eine je persönliche. Denn auch der Gewissensentscheid unterliegt dem *errare humanum est*. Der im Gewissen auf den Plan tretende Wahrheitsanspruch ist nach außen als Wahrhaftigkeit zu fassen, das heißt als ein subjektives Für-wahr-halten (Ulshöfer 2020, S. 270). Dieses wiederum entbindet den Menschen nicht von dem Bemühen, anderen so gut wie möglich Rechenschaft über die ihn bewegenden Gründe und Orientierungen zu geben, die seinem Gewissensentscheid zugrunde liegen. Damit verbindet sich die *Kritikfähigkeit* und die Bereitschaft, das eigene Gewissensurteil nach außen zu begründen sowie dem kritisch-konstruktiven Dialog mit Andersdenkenden zugänglich zu machen.[10]

---

[10] Dem hohen Gut des Schutzes des Gewissensentscheids durch den Staat entspricht daher dessen Forderung nach Transparenz: „Je bedeutsamer für die Allgemeinheit und belastender für den Einzelnen jedoch die Gemeinschaftspflicht ist, mit der die vorgetragene individuelle Gewissensentscheidung in Konflikt gerät, umso weniger kann der die Erfüllung einer Pflicht für die Gemeinschaft fordernde Staat darauf verzichten, im Rahmen des Möglichen die in Anspruch genommene Gewissensposition festzustellen." BVerGE 48, 127 <168> II.

5 Kirche und Gewissen – Fünf Thesen zum Umgang mit der Spannung zwischen individuellem Gewissensentscheid und Allgemeinverbindlichkeit

Hat die Kirche im Protestantismus dem Gewissen überhaupt noch etwas zu sagen? Oder liegt nicht vielmehr alle ethische Macht beim je eigenen Gewissen? Wie ist nun mit der Spannung zwischen individuellem Gewissensentscheid und Allgemeinverbindlichkeit innerhalb (und außerhalb) der Kirche umzugehen? Fünf Thesen sollen im Folgenden als Anstiftungen zur Diskussion dienen.

5.1 Auch das christliche Gewissen fällt nicht vom Himmel. Zum Bildungsauftrag der Kirche

Das Gewissen ist so komplex wie es dynamisch ist. Es ist geprägt durch eine Vielfalt an Sozialisationen unter anderem familiärer, kultureller, religiöser und politischer Art. Die ihm (auch unbewusst) zugrunde liegenden Lebenshaltungen und Werte können sich im Laufe eines Lebens verändern. Die Entwicklungspsychologie verweist im Prozess der Gewissensbildung auf die besondere Bedeutung der Primärsozialisation (Nunner-Winkler 2009). Damit tritt der kirchliche Bildungsauftrag in den Blick, der Menschen aller Altersstufen begleitet und auch immer wieder Stachel im Fleisch eines allzu bequem gewordenen, indifferenten, narkotisierten oder überforderten Gewissens ist. Hier können Informationen und Diskussionen etwa zu ziviler Seenotrettung, zur deutschen Beteiligung an Militäreinsätzen im Ausland oder zur

Lagerung von Atomwaffen in Deutschland zur Gewissensbildung und Gewissensschärfung beitragen.

5.2 Ein gutes Gewissen ist nicht der Rede wert. Oder: Nicht alles ist eine Frage des Gewissens

Das gute Gewissen ist im Normalfall ethisch uninteressant.[11] Es definiert sich vor allem über die Abwesenheit eines schlechten Gewissens und erst als schlechtes Gewissen macht sich das Gewissen überhaupt bemerkbar. Die Stimme des Gewissens tritt dann auf den Plan, wenn das eigene Sein und Handeln in einen Widerspruch mit sich selbst und den eigenen Überzeugungen geraten und die eigene Integrität und Identität bedroht sind. Der Ruf des Gewissens ist daher die Ausnahme, nicht die Regel. Entsprechend formuliert Trutz Rendtorff: „Die Allgemeinheit der Forderung der Gewissensfreiheit führt zu der Forderung, Lebenssituationen herbeizuführen und zu befördern, die im öffentlichen, sozialen und politischen Kontext möglichst wenig und selten zu Gewissensentscheidungen führen" (Rendtorff 1990, S. 150). Indem sich Gewissensentscheide gegen Mehrheiten, gegen soziale Konventionen oder geltendes Recht stellen – und entsprechende Sanktionen akzeptiert werden – zeigt sich dann ihre sachliche Nähe zu Zivilcourage und zivilem Ungehorsam (vgl. Schliesser 2018).

---

[11] Zum ethischen Thema wird das gute Gewissen in Ausnahmesituationen, etwa wenn Unrechtsstrukturen den Unrechtscharakter verdecken und somit Unrecht zum Normalfall wird. In Unrechtsstaaten wie dem Naziregime können ethische Begrifflichkeiten wie Tugend oder Pflicht und auch das gute Gewissen pervertiert werden, so dass etwa auch Massenmorde „pflichtbewusst" und mit „gutem Gewissen" ausgeführt werden.

5.3 Wer redet, muss auch zuhören können. Dialog und Partizipation

Mit dem Priestertum aller Gläubigen geht eine Enthierarchisierung auch der Gewissen einher. Vor Gott sind alle Gewissen gleich. An die Stelle von Dekreten tritt daher der Diskurs. Zwar ist der Gewissensentscheid individuell, doch verbindet sich mit ihm, wie gesehen, die Möglichkeit wie auch die Pflicht, die eigenen Beweggründe soweit möglich anderen verständlich zu machen. Dies gilt für das Kirchenvolk wie auch für dessen Repräsentanten und Repräsentantinnen. Verlautbarungen und Entscheidungen müssen nicht nur transparent und einsichtig gemacht werden, sondern – wo möglich – sollte ihr Entstehungsprozess auch möglichst partizipativ gestaltet werden. Das Zustandekommen etwa des Papiers „Kirche auf gutem Grund – Elf Leitsätze für eine aufgeschlossene Kirche" (EKD 2020) ist mit seinen auch digitalen Beteiligungsmöglichkeiten ein Schritt in die richtige Richtung.

5.4 Notwendige Gewissensbisse. Verantwortung und der Umgang mit Schuld

„Einsam erwehrt sich der Mann des Gewissens der Übermacht der Entscheidung fordernden Zwangslagen. Aber das Ausmaß der Konflikte, in denen er zu wählen hat […] zerreißt ihn. […] Denn dass ein böses Gewissen heilsamer und stärker sein kann als ein betrogenes Gewissen, das vermag der Mann, dessen einziger Halt sein Gewissen ist, nie zu fassen" (Bonhoeffer 1998, S. 21 f.). Das Gegenteil eines guten Gewissens ist nicht ein böses, sondern ein ruhig gestelltes Gewissen, das sich der Realität des Schuldigwerdens verschließt. Diese Dimension des Gewissens weist darauf hin, dass ethische Entscheidungen nicht immer nur zwischen schwarz und weiß zu wählen haben, sondern oftmals auch zwischen verschiedenen Grautönen. Verantwortliches Handeln beruht dabei weder auf einem unbefleckten Gewissen, das der Schuld auszuweichen sucht, noch auf einem salvierten Gewissen, das Schuld leugnet, sondern „auf einem Gott, der das freie Glaubenswagnis verantwortlicher Tat fordert und der dem, der darüber zum Sünder wird, Vergebung und Trost zuspricht" (Bonhoeffer 1998, S. 24). Die Kategorie der Schuldübernahme, in die verantwortliches Handeln führen kann, macht einerseits ernst mit der Komplexität realer Situationen und weist andererseits auf den Trost durch die Gnade Gottes. Indem die Kirche diese Prozesse begleitet, kann sie in Gewissenskonflikten zugleich als Seelsorgerin wirken und Unterstützung anbieten.

5.5 „Alles ist erlaubt, aber nicht alles dient zum Guten. Alles ist erlaubt, aber nicht alles baut auf. Niemand suche das Seine, sondern was dem andern dient" (1 Kor 10,23f.). Von Schwachen und von Starken

Was aber, wenn christliche Gewissensurteile frontal aufeinanderprallen? Innerkirchlicher Dissens und das Ringen um „die" angemessene christliche Haltung sind keine neuzeitlichen Phänomene. Paulus' Umgang mit einem heftigen Streit um die Zulässigkeit des Verzehrs von Opferfleisch in der frühen christlichen Gemeinde im religiös und weltanschaulich pluralen Korinth ist auch heute noch erhellend (vgl. 1 Kor 8). Dabei ist zu bedenken, dass diese Thematik für die Kontrahenten keinesfalls zweitrangiger Natur war, sondern einen zentralen Marker ihrer Identität berührte. Vier Aspekte hebe ich hervor. Erstens, Paulus positioniert sich klar und begründet. Zweitens, er verdammt nicht. Drittens, er setzt seine eigene Meinung nicht absolut. Viertens, er orientiert sein konkretes Handeln an „Gottes Ehre" (1 Kor 10,31) und dem, „was dem andern dient" (1 Kor 10,24).

6 Das Beispiel nukleare Abschreckung. Wie weit ist das Dach der Kirche?

Seit Jahrzehnten erhitzt die Frage nach der Legitimität nuklearer Abschreckung die Gemüter inner- und außerhalb der Kirche. Eine ausführliche Darstellung und theologisch-ethische Bewertung dieser Thematik kann daher nicht Ziel der abschließenden, knappen Überlegungen sein. Stattdessen soll es anhand dieses Beispiels um einige Gedankenanstöße gehen, wie auf Grundlage der voranstehenden Ausführungen mit tiefen Rissen und konträren Gewissensentscheiden innerhalb der Kirche umgegangen werden kann. Zunächst ist dabei der Bildungsauftrag der Kirche zu bedenken. Die jeweiligen Argumente für und gegen nukleare Abschreckung sind nüchtern darzulegen, um einen individuellen fundierten (Gewissens-)Entscheid überhaupt erst zu ermöglichen. Dabei sollten auch die zugrunde liegenden Werte, Haltungen und Rationalitäten – nicht zuletzt in ihrer Zeit- und Kontextabhängigkeit – bewusst gemacht werden. Dabei zeigen sich drei mögliche Positionen (Werkner 2019, S. 151): Erstens, aus der Verwerflichkeit eines Einsatzes nuklearer Waffen folgt die Verwerflichkeit ihres Besitzes. Zweitens, da der Einsatz unter bestimmten

Umständen legitim sein kann, ist es auch der Besitz. Drittens, der Einsatz ist stets verwerflich, nicht aber der Besitz zum Zweck der Abschreckung.

Die individuelle Natur von Gewissensentscheiden zeigt sich auch in der Tatsache, dass die eigene Positionierung zur Legitimität nuklearer Abschreckung nicht für jeden und jede überhaupt einen Gewissenskonflikt zur Folge hat. Beide Reaktionen – das Auslösen wie das Nichtauslösen eines Gewissenskonflikts – sind zu respektieren. Die Ernsthaftigkeit und die Verbindlichkeit der je eigenen Entscheidung zeigt sich dabei nicht zuletzt in der Bereitschaft, auch unangenehme Konsequenzen der eigenen Haltung zu ertragen. Wie gesehen, ist auch ein Gewissensentscheid darauf angewiesen, die ihm zugrunde liegenden Verbindlichkeiten möglichst plausibel nach außen zu kommunizieren und auf konstruktive Kritik zu reagieren. Entscheidende Bedeutung kommt dabei einem respektvollen Umgang mit divergierenden Positionen zu. Hier kann das paulinische Beispiel Schule machen. Sprache und Tonalität können so auch in den gesamtgesellschaftlichen Diskus ausstrahlen und Maßstäbe für den Umgang mit Andersdenkenden setzen.

In der Debatte um nukleare Abschreckung wurde in den Heidelberger Thesen (1959) mit dem Modell des komplementären Handelns eine inhaltliche Kompromissformel gefunden, die erste und dritte Position miteinander zu verbinden, indem ihr gegenseitiges Aufeinander-Angewiesensein hervorgehoben wurde. „Die atomare Bewaffnung hält auf eine äußerst fragwürdige Weise immerhin den Raum offen, innerhalb dessen solche Leute wie die Verweigerer der Rüstung die staatsbürgerliche Freiheit genießen, ungestraft ihrer Überzeugung nach zu leben. Diese aber halten, so glauben wir, in einer verborgenen Weise mit den geistlichen Raum offen, in dem neue Entscheidungen vielleicht möglich werden"

(Heidelberger Thesen 1959, These 11). Die Friedensdenkschrift der EKD 2007 bildet diese beiden Optionen noch ab, doch wird im Vorwort klar festgehalten, dass „die Drohung mit dem Einsatz nuklearer Waffen […] in der Gegenwart friedensethisch nicht mehr zu rechtfertigen" sei (EKD 2007, S. 8 f.). Diese Position wird in der Kundgebung der 12. EKD-Synode 2019 bestätigt (EKD 2019, S. 6 f.), und es werden konkrete politische Schritte hin zu einem Global Zero, einer Welt ohne Atomwaffen, gefordert.

Unabhängig von der inhaltlichen Positionierung wäre beim Zustandekommen der Kundgebung eine stärkere Einbindung der Basis wünschenswert gewesen, etwa durch digitale Beteiligungsmöglichkeiten. Zugleich gilt es aber einerseits festzuhalten, dass Ergebnisse eines Meinungsfindungsprozesses eines demokratisch gewählten Gremiums zu respektieren sind, auch wenn diese vom persönlichen (Gewissens-)Entscheid divergieren. Andererseits steht die Mehrheit in der Verantwortung, auch überstimmte Positionierungen ernst zu nehmen und das fortdauernde Ringen um Wahrheit und Wahrhaftigkeit in einem Diskurs auf Augenhöhe zu ermöglichen. Wie Ines-Jacqueline Werkner deutlich macht, ist zudem jede der drei genannten Positionierungen mit Problemen behaftet,[12] die daher in jedem Fall auch die Bereitschaft zur Schuldübernahme nötig machen. Doch zeigt sich genau darin die spezifische Eigenart des in Christus

---

[12] Befürworterinnen und Befürworter der ersten Position stehen vor der Frage, wie sie den möglichen Einsatz von Atomwaffen durch diejenigen verantworten können, die weniger Skrupel und Hemmungen haben als sie selbst. Mit der zweiten Position geht das ungelöste Problem einher, dass beim Einsatz von Atomwaffen in jedem Fall Kollateralschäden an der Zivilbevölkerung unumgänglich sind. Die dritte Position steht vor einem Glaubwürdigkeitsproblem, wenn mit Nuklearwaffen nur gedroht, ihr Einsatz aber kategorisch ausgeschlossen wird. Vgl. Werkner (2019, S. 151 f.).

befreiten Gewissens: „Das ‚fröhliche' Gewissen [...] verdankt sich der libertas Christiana, es gründet nicht im Selbstsein oder Selbstkönnen, sondern im Rechtfertigungsglauben, der die Befreiung von Sünde und Schuld zum Inhalt hat" (Rendtorff 1990, S. 146 f.).

Literatur

Ammann, Christoph. 2007. *Emotionen – Seismographen der Bedeutung. Ihre Relevanz für die christliche Ethik*. Stuttgart: Kohlhammer.

Bonhoeffer, Dietrich. 1998. *Widerstand und Ergebung. Briefe und Aufzeichnungen aus der Haft*, DBW 8, hrsg. von Christian Gremmels, Eberhard Bethge und Renate Bethge. Gütersloh: Gütersloher Verlagshaus.

Bonhoeffer, Dietrich. 1992. *Ethik*, DBW 6, hrsg. von Ilse Tödt, Heinz Eduard Tödt, Ernst Feil und Clifford Green. München: Chr. Kaiser Verlag.

Evangelische Kirche in Deutschland (EKD). 2020. Kirche auf gutem Grund – Elf Leitsätze für eine aufgeschlossene Kirche. https://www.ekd.de/11-leitsaetze-fuer-eine-aufgeschlossene-kirche-56952.htm. Zugegriffen: 05. Januar 2021.

Evangelische Kirche in Deutschland (EKD). 2019. Kirche auf dem Weg der Gerechtigkeit und des Friedens. Kundgebung der 12. Synode der Evangelischen Kirche in Deutschland auf ihrer 6. Tagung. https://www.ekd.de/kundgebung-ekd-synode-frieden-2019-51648.htm. Zugegriffen: 05. Januar 2021.

Evangelische Kirche in Deutschland (EKD). 2007. *Aus Gottes Frieden leben – für gerechten Frieden sorgen. Eine Denkschrift des Rates der Evangelischen Kirchen in Deutschland*. Gütersloh: Gütersloher Verlagshaus.

Evangelische Kirche in Deutschland (EKD). 1997. Gewissensentscheidung und Rechtsordnung, https://www.ekd.de/gewissen_1997_verantwortung1.html. Zugegriffen: 05. Januar 2021.

Hegel, Georg Wilhelm Friedrich. 1970 [1821]. *Grundlinien der Philosophie des Rechts (1821)*. Werke in zwanzig Bänden, Bd. 7. Frankfurt/M.: Suhrkamp.

Heidelberger Thesen zur Frage von Krieg und Frieden im Atomzeitalter. 1959. In *Christliche Ethik und Sicherheitspolitik. Beiträge zur Friedensdiskussion*, hrsg. von Erwin Wilkens, 237–247. Frankfurt/M.: Evangelisches Verlagswerk.

Holl, Karl. 1948. Was verstand Luther unter Religion? In *Gesammelte Aufsätze zur Kirchengeschichte: Band I. Luther*, hrsg. von ders., 1–110. 7. Aufl. Tübingen: Mohr Siebeck.

Huber, Wolfgang. 2013. *Ethik. Die Grundfragen unseres Lebens*. München: C.H. Beck.

Kant, Immanuel. 1907 [1797]. *Metaphysik der Sitten*, Akademie-Textausgabe, Bd. 6. Berlin: de Gruyter.

Luther, Martin. 1522. *Sermon von der Himmelfahrt Marie. Am tag der hymelfart Marie, 15. August 1522*, WA 10 III, 268–273.

Luther, Martin. 1521a. *De votis monasticis Martini Lutheri iudicium*, WA 8, 573–669.

Luther, Martin. 1521b. *Sermon von dreierlei gutem Leben, das Gewissen zu unterrichten*, WA 7, 795–802.

Luther, Martin. 1521c. *Verhandlungen mit D. Martin Luther auf dem Reichstage zu Worms*, WA 7, 814–887.

Maurer, Christian. 1964. Art. synoida/syneidesis, In *Theologisches Wörterbuch zum Neuen Testament, Bd. VII*, hrsg. von Gerhard Kittel und Gerhard Friedrich, 897–918. Stuttgart: Kohlhammer.

Nunner-Winkler, Gertrud. 2009. Prozesse moralischen Lernens und Entlernens. *Zeitschrift für Pädagogik* 55 (4): 528–548.

Rendtorff, Trutz. 1990. *Ethik. Grundelemente, Methodologie und Konkretionen einer ethischen Theologie*, Band I. 2. Aufl. Stuttgart: Kohlhammer.

Reuter, Hans-Richard. 2012. Das ethische Stichwort: Gewissen. *Zeitschrift für Evangelische Ethik* 56: 292–295.

Rothe, Richard. 1869. *Theologische Ethik*, Bd. 2. 2. Aufl. Wittenberg: Hermann Koelling.

Schliesser, Christine. 2006. „*Everyone Who Acts Responsibly Becomes Guilty*" – *The Concept of Accepting Guilt in Dietrich Bonhoeffer: Reconstruction and Critical Assessment*. Neukirchen-Vluyn: Neukirchener Verlagsgesellschaft.

Schliesser, Christine. 2018. Zivilcourage. Ein ‚theologischer Begriff'? *Zeitschrift für Evangelische Ethik* 62: 89-101.

Thomas von Aquin. 1986 [1272]. *Von der Wahrheit. De veritate (Quaestio I)*, hrsg. von Albert Zimmermann. Hamburg: Felix Meiner Verlag.

Ulshöfer, Gotlind. 2020. Wahrheit als medienethisches Thema – Analysen angesichts von Algorithmen und der Verbreitung von „fake news". In *Theologische Medienethik im digitalen Zeitalter*, hrsg. von dies. und Monika Wilhelm, 255–274. Stuttgart: Kohlhammer.

Werkner, Ines-Jacqueline. 2019. Neue friedensethische Herausforderungen. Autonome Waffen, Cyberwar und nukleare Abschreckung. In *Auf dem Weg zu einer Kirche der Gerechtigkeit und des Friedens. Ein friedenstheologisches Lesebuch*, hrsg. durch das Kirchenamt der EKD, 141–158. Leipzig: EVA.

Adressaten kirchlicher Kundgebungen
Eine praxistheoretische Rekonstruktion

Sarah Jäger

1 Einleitung und Horizont der Frage

Fragt man danach, welche Adressatinnen und Adressaten bei kirchlichen Verlautbarungen zu gesellschaftlichen und politischen Fragen in der Öffentlichkeit im Blick sind, wird ein Doppeltes angesprochen: Zum einen wird nach der Rolle von Kirche in der Öffentlichkeit gefragt (vgl. dazu den Beitrag von Reiner Anselm in diesem Band) und damit verbunden ist die Frage, ob Kirche eine Relevanz für eben diese Öffentlichkeit jenseits der Gemeinschaft ihrer Gläubigen haben könne und wen eine solche Kommunikation erreichen solle. Hier steht implizit ein Modell von Kirche im Hintergrund, dass möglichst viele

---

S. Jäger (✉)
Theologische Fakultät, Universität Jena, Jena, Deutschland
E-Mail: sarah.jaeger@uni-jena.de

Menschen in pluralen lebensweltlichen Zusammenhängen mit kirchlichen Angeboten ansprechen möchte. Ob dieses Modell leitend sein kann und muss, ist weiter zu untersuchen.

Zur Annäherung an diesen Fragenkomplex werden zunächst die Selbstzuschreibungen kirchlicher Stellungnahmen (konkret der sogenannten Denkschriften-Denkschrift „Das rechte Wort zur rechten Zeit" von 2008 und der Friedensdenkschrift von 2007) in den Blick genommen. Wie schildern diese Veröffentlichungen ihren eigenen Adressatenkreis, wen möchten sie erreichen?

Darauf aufbauend gilt es für das weitere Nachdenken, kurz den Begriff der Öffentlichkeit zu klären. Weiter soll dann die These entwickelt werden, dass sich die öffentliche Verkündigung evangelischer Kirche in ihren anderen kirchlichen Vollzügen gründet und von dort her ihre Relevanz bezieht. Solche erfahrungsgesättigten Praktiken stellen also die Grundlage für öffentliche Äußerungen dar. Diese Vollzüge können somit als Bündel von Praktiken verstanden und damit praxistheoretisch analysiert werden. Es gilt, Praktiken kirchlichen Handelns in zweifacher Weise zu untersuchen: Wo lassen sich Praktiken der Öffentlichkeitsproduktion feststellen und an welchen Orten und in welchen Zusammenhängen finden? Dieser Zugriff verändert auch den Blick auf einen möglichen Adressatenkreis kirchlicher Veröffentlichungen, denn als Adressatinnen und Adressaten angesprochen werden so dann diejenigen, für die kirchliche Praktiken eine Relevanz haben.

2 Kirchliche Verlautbarungen und ihr Adressatenkreis

2.1 Das rechte Wort zur rechten Zeit

Die EKD-Denkschrift von 2008 „Das rechte Wort zur rechten Zeit" verortet das öffentliche Agieren der Kirche zu politisch-gesellschaftlichen Fragen als Teil der Verkündigungsaufgabe der Kirche. Seit 1962 äußert sich die EKD als Gemeinschaft von 20 lutherischen, unierten und reformierten Kirchen in Deutschland zu gesellschaftlichen und politischen Herausforderungen, seit damals ist auch die Zeit- und Situationsgebundenheit dieser kirchlichen Rede relevant.[1] Die EKD-Denkschrift von 2008 zur öffentlichen Rolle der Kirche unterscheidet beim Adressatenkreis kirchlicher Äußerungen zwischen einem „Innen", an Christinnen und Christen sowie kirchliche Mitarbeitende gerichtet, und einem „Außen". Worin dieses „Außen" liegt und wie der Anspruch, zu dieser Gruppe zu sprechen, zu rechtfertigen ist, wird nicht geklärt. Diese Differenz verbindet die Denkschrift mit der Unterscheidung einer „seelsorglich-pastoralen und der sozialethisch-politischen Dimension kirchlicher Äußerungen" (EKD 2008, Vorwort).

> „Zum einen nimmt die Kirche Stellung zu gesellschaftlich-politischen Fragen und Problemen. Sie erfüllt den Auftrag ihres Herrn, sich für eine friedfertige und gerechte Welt

---

[1] Es ist kein Zufall, dass sich die Darstellung im Folgenden auf grundlegende evangelische Denkschriften richtet und kleinere, stärker auf Sachfragen gerichtete, Papiere nicht so stark in den Blick genommen werden. Für die Überlegungen dieses Beitrages stehen die kirchlichen Veröffentlichungen im Vordergrund, die grundlegend theologisch und stärker im Überblick argumentieren.

einzusetzen. [...] Wenn sie sich so an der gesellschaftlichen Diskussion beteiligt, hat sie deutlich zu machen, dass sie im Interesse des Gemeinwesens spricht – um auch die, die sich ihr nicht stark verbunden fühlen, als Bündnispartner für ein menschlicheres Miteinander zu gewinnen" (EKD 2008, Ziff. 51).

Es zeigt sich deutlich, dass Kirche hier für sich in Anspruch nimmt, für die Allgemeinheit zu sprechen, der Zielhorizont ist das „menschlichere Miteinander". Dieser Einsatz für eine gerechte und friedfertige Welt wird als Auftrag Gottes begriffen, die inhaltliche Füllung dieser Chiffre bleibt allerdings offen. Diese Stellungnahme betreffe die „Grundfragen des politischen und gesellschaftlichen Lebens" (EKD 2008, Vorwort) und ordne sich ein in den grundlegenden kirchlichen Öffentlichkeitsauftrag. Damit müsse stets auch ein kirchlicher Bildungsauftrag verbunden werden, der über grundlegend christliche Glaubens- und Überzeugungsinhalte nachvollziehbar informiere (vgl. EKD 2008, Ziff. 54).

Zur Frage des Pluralismus hält die Denkschrift fest, dass sich evangelische Kirche unter den Bedingungen des Pluralismus äußere, in einer Weise, die Pluralität gestalten wolle. Es gehöre deshalb zum Selbstverständnis der evangelischen Kirche, dass sie sich inmitten des gesellschaftlichen Pluralismus auch selbst als pluralismusfähig erweise.

2.2 Aus Gottes Frieden leben

Für die EKD bildete der Frieden von Anfang an ein herausragendes Thema öffentlicher Verantwortung. Die Erschütterung über die Verwüstungen des Zweiten Weltkriegs, Beginn und Verlauf des Ost-West-Konflikts, die

Auseinandersetzungen über Wiederbewaffnung und allgemeine Wehrpflicht, die wechselseitige Abschreckung mit atomaren Waffen und die wachsende Aufmerksamkeit für den Nord-Süd-Konflikt – all das waren wichtige Gegenstände kirchlicher Urteilsbildung. Der Adressatenkreis der Friedensdenkschrift von 2007 wird durch das Vorwort von Wolfgang Huber deutlich und umfassend bestimmt: „In Denkschriften soll nach Möglichkeit ein auf christlicher Verantwortung beruhender, sorgfältig geprüfter und stellvertretend für die ganze Gesellschaft formulierter Konsens zum Ausdruck kommen" (EKD 2007, Vorwort). Dieser Konsens, der sich auf die gesamte Gesellschaft richten soll, wirft vielfältige Fragen auf, etwa der Übersetzbarkeit und Übersetzung christlicher Inhalte für rationale Einsichten, die die Denkschrift nicht einzuholen vermag (vgl. dazu Laube 2019; van Oorschot 2019). Martin Laube zeigt deutlich die Schwierigkeiten auf, die mit der Übersetzungsmetapher verbunden sind: So bestehe die Gefahr, dass durch die binäre Grundanlage komplexe Verhältnisse vorschnell vereinfacht werden (vgl. Laube 2019, S. 54). Weiter verstehe gerade Jürgen Habermas als einer der Hauptvertreter der Übersetzungsfigur Religion, so als sei sie „nicht selbst immer schon ein sozial virulentes, gesellschaftlich vielfältig verflochtenes Gebilde" (Laube 2019, S. 55).

Für diesen Konsens, von dem die Denkschrift spricht, ist es von großer Tragweite, dass die Kammer der EKD für Öffentliche Verantwortung den Entwurf des vorliegenden Textes einstimmig verabschieden konnte und dass auch der Rat der EKD ihn einstimmig bejaht hat. Eigens hervorzuheben ist, dass in ihm – abweichend von den Heidelberger Thesen des Jahres 1959 – die Auffassung vertreten wird, die Drohung mit dem Einsatz nuklearer Waffen sei in der Gegenwart friedensethisch nicht mehr zu rechtfertigen. Über die friedenspolitischen

Folgerungen aus dieser Aussage konnte die Kammer für Öffentliche Verantwortung keine letzte Übereinstimmung erzielen. Doch dass ein ethischer Konsens unterschiedliche Abwägungen hinsichtlich seiner politischen Konsequenzen zulässt, ist nicht ungewöhnlich. Trotzdem kommt die Denkschrift auch in den konkreten Folgerungen zu gemeinsamen Festlegungen.

3 Grundklärung Öffentlichkeit

Die Fragestellung führt hinein in die Frage nach der Rolle der Kirche in der Öffentlichkeit und nach der Relevanz kirchlicher Äußerungen in eben dieser Öffentlichkeit. Die Tatsache, dass sich Kirche auf Öffentlichkeit beziehen muss, ist unbestritten:

> „Diese deutliche Positionierung zu dem Dass des Öffentlichkeitsauftrages ist seit dem Zweiten Weltkrieg tief im deutschen Protestantismus verwurzelt. Bei kirchlichen und universitär-theologischen Verantwortungsträgern herrscht Konsens, dass die Kirche aufgrund ihrer Botschaft und ihres Grundes notwendigerweise dazu aufgerufen ist, sich an Debatten des öffentlichen Lebens zu beteiligen" (Kalinna 2019, S. 79).

Wie die Praktische Theologin Kristin Merle feststellt, lassen sich zwei Weisen der Öffentlichkeitsproduktion für Kirche unterscheiden, der Bezug auf gesellschaftliche Öffentlichkeiten und eine Öffentlichkeit, „die sie [die Kirche] selbst im Ensemble anderer gesellschaftlicher Öffentlichkeiten ‚heraus setzt' (etwa im Zusammenhang gottesdienstlicher Feiern)" (Merle 2019, S. 30) und sich im Vollzug selbst ergibt. Nun soll im Besonderen untersucht werden, wie diese beiden

Öffentlichkeitsproduktionen aufeinander bezogen sind und wie sie einander befruchten können.

Für das Verständnis von Öffentlichkeit soll im Folgenden Öffentlichkeit als intermediäres System verstanden werden.[2] Dieses ist von akteurs- beziehungsweise systemtheoretischen Fragestellungen inspiriert und möchte vor allem empirische Beobachtungen integrieren. Jürgen Gerhards und Friedhelm Neidhardt (1990) beschreiben Öffentlichkeit als Darlegung von Prozessen. Sie vermittelt sich als intermediäres System über Prozesse von Input (Eingabe von Informationen) und Output (Anwendung von Informationen) zwischen Bürgerinnen und Bürgern und politischem System. Das politische System ist Problemadressat und Steuerungsakteur (vgl. Merle 2019, S. 62). Der Öffentlichkeit kommt also eine vermittelnde Rolle zu, sowohl zwischen politischem System und Bürgerschaft als auch den anderen Teilsystemen der Gesellschaft und sie bildet ein bestimmtes Wissen aus, die öffentliche Meinung (vgl. Gerhards und Neidhardt 1990, S. 12). Drei Merkmale zeichnen eine so verstandene Öffentlichkeit aus:

1. Sie ist ein spezifisches Kommunikationssystem mit dem Mittel einer sprachlichen Kommunikation auf einer allgemeinverständlichen Ebene.
2. Jeder und jede kann sich in diese Kommunikation einbringen.
3. Die Teilnahmebedingungen sind nicht an Status oder Expertentum gebunden. Wissenschaftler und Politikerinnen müssen sich aus ihren eingeübten

---

[2] Im theologischen Diskurs arbeitet Kristin Merle (2019) mit diesem Öffentlichkeitsansatz, um die Digitalisierung als Herausforderung für kirchliche Kommunikationsstrukturen zu untersuchen.

Sprachspielen lösen und allgemein verständlich formulieren.

Gerhards und Neidhardt (1990, S. 17) machen im Unterschied zu Jürgen Habermas deutlich, dass in der Öffentlichkeit nicht zwangsläufig die Kraft des besseren Arguments zähle, in der Öffentlichkeit als „offenes Laiensystem" gehe es eher um allgemeine Verständlichkeit und um allgemeines Interesse. Es lassen sich drei Ebenen von Öffentlichkeit differenzieren: Encounter-Öffentlichkeit, Versammlungsöffentlichkeit und die Öffentlichkeit der Massenmedien (Gerhards und Neidhardt 1990, S. 19 ff.). Die Encounter-Öffentlichkeit ereignet sich in spontanen Begegnungen und damit relativ strukturlos und zerbrechlich. Die Themen- oder Versammlungsöffentlichkeit vollzieht sich mit der Ausdifferenzierung von Rollen, „etwa bei Tagungen, Demonstrationen (mit Rednerbühne), aber auch bei Gottesdiensten. Versammlungsöffentlichkeiten ermöglichen dem Publikum Meinungsäußerungen, vorwiegend jedoch unter Rekurs auf die kommunikativen Beiträge der Leitungsrollenträger" (Merle 2019, S. 67). Die dritte Öffentlichkeitsebene ist die der Medienöffentlichkeit mit Massenmedien im Fokus und einer medial vermittelten Kommunikation.

Wenn nun im Weiteren Öffentlichkeitspraktiken untersucht werden, bedeutet dies:

> „a) dass es eine Gesamtheit derer gibt, für die die adressierten Gegenstände von Belang sind beziehungsweise sein sollten (eine Öffentlichkeit),
> b) dass Einzelne sich legitimerweise an diese Öffentlichkeit wenden (öffentliche Akteure),
> c) dass bestimmte Gegenstände für diese Öffentlichkeit als *gemeinsame Sache* gelten sollen (öffentliche Belange),

d) dass normative beziehungsweise evaluative Kriterien allgemeiner Relevanz in Geltung stehen, mit deren Hilfe ein Gegenstand als öffentlicher Belang ausgezeichnet werden kann (öffentliches Interesse), und

e) und [sic!] dass es nötig ist, sich in der Öffentlichkeit über allgemeine Belange zu verständigen (öffentliche Meinungsbildung)" (Moos 2020, S. 170, Hervorh. im Original).

4 Praxistheoretischer Zugriff auf kirchliche Vollzüge

Wenn Kirche sich – so die These – gerade unter den Bedingungen einer unumkehrbaren religiösen Pluralisierung und Säkularisierung glaubwürdig und wiedererkennbar im öffentlichen Diskurs platzieren möchte, ist dies nur möglich, wenn diese Positionierung das Praxiswissen um jahrhundertealte Traditionen, Rituale und verdichtete menschliche Glaubenserfahrungen einschließt. Die Fokussierung auf Praktiken und ihre Öffentlichkeitswirkung ist dabei keinesfalls neu. Sie findet sich in der ganzen Christentumsgeschichte, besonders deutlich etwa in der Reformationszeit.[3] Hier lässt sich die Herstellung von Öffentlichkeit in einer zweifachen Weise beobachten: Zum einen inhaltlich im Selbstanspruch der reformatorischen Theologie, der sich aus der Praxis ergibt, und zum anderen durch die Wahl neuer Kommunikationsmittel zur Verbreitung reformatorischer Ideen.

---

[3] Ich danke Herrn Prof. Dr. Friedrich Lohmann für diesen wichtigen Hinweis. An dieser Stelle kann das Themenfeld „Reformation und Öffentlichkeitspraktiken" jedoch nur knapp angerissen werden.

Zum ersten: Wort und Sakrament, Reden und Tun, gehörten für die reformatorische Theologie untrennbar zusammen, so hält die Confessio Augustana fest: „Vom Kirchenregiment (kirchlichen Amt) wird gelehrt, daß niemand in der Kirche öffentlich lehren oder predigen oder die Sakramente reichen soll ohne ordnungsgemäße Berufung." (CA 14) Verkündigung solle sich also in der Öffentlichkeit ereignen und ist auf diese angewiesen.

> „Inhaltlich wurde mittels reformatorischer Öffentlichkeit nicht Wissensvermittlung, sondern meinungsbildende Belehrung, nicht Verständnis für und Verständigung mit dem Gegner, sondern dessen Bekehrung angestrebt, wurde die ‚wahre Wahrheit gegen die gültige Wahrheit' (Bernd Moeller) gesetzt" (Wohlfeil 1984, S. 48).

Als Kommunikationsbasis wurde das Evangelium begriffen, das sich an alle Menschen richtete.

Zum zweiten: Im 16. Jahrhundert war Kommunikation bestimmt durch mündliche Formen wie „Gerücht und Geschwätz, Lied und Gesang, Gespräch und Diskussion im Wirtshaus und beim Kirchgang, auf Markt und Straße ebenso wie bei der Arbeit, durch Ausruf und Verkündigung von Rathaus und Kanzel" (Wohlfeil 1984, S. 42). Die Predigt spielte eine wichtige Rolle, war sie doch in deutscher Sprache für jede und jeden zugänglich. Buchdruck und Lesen spielte für die Öffentlichkeitsproduktion ebenfalls eine zentrale Rolle. Der Buchdruck wurde vor allem für neu verfasste Texte genutzt, die den aktuellen Informationsbedarf deckten. Diesem Zweck dienten vor allem Flugschriften – ein wenige Seiten und Bögen umfassendes Tagesschrifttum, das sich vor allem mit Fragen der Religion befasste (vgl. Burkhardt 2009, S. 23).

Roger Mielke (2018, S. 43) macht auf die zentrale Rolle von Praktiken aufmerksam, diese Einsicht soll dabei weitergedacht und fruchtbar gemacht werden:

„Unerwartete, überraschende Verständigung kann so einerseits als Wirken des Geistes Gottes verstanden werden. Sie kann aber auch, weil sie im sozialen Feld, mit empirisch beschreibbaren Akteuren und in empirisch beschreibbaren Assoziationen geschieht, im Horizont empirischer Sozialwissenschaft beschrieben werden. Das komplexe Ineinander von leibgebundenen, verkörperten Praktiken, von Routinen religiösen Verhaltens, von reflexiven Wissensordnungen lässt sich etwa im Kontext einer Theorie sozialer Praktiken rekonstruieren."

Dafür kann zur Analyse auf die Praxistheorie zurückgegriffen werden. Aus der Fülle der praxistheoretischen Literatur wird der Fokus des Zugriffes auf den Überlegungen des Soziologen Andreas Reckwitz liegen, dem wohl bekanntesten Vertreter der Praxistheorie im deutschsprachigen Raum:

„Die Praxistheorie begreift die kollektiven Wissensordnungen der Kultur nicht als ein geistiges ‚knowing that' oder als rein kognitive Schemata der Beobachtung, auch nicht allein als die Codes innerhalb von Diskursen und Kommunikationen, sondern als ein praktisches Wissen, ein Können, ein know how, ein Konglomerat von Alltagstechniken, ein praktisches Verstehen im Sinne eines ‚Sich auf etwas verstehen'" (Reckwitz 2003, S. 289).

Solche Handlungen sind keine „diskreten, punktuellen und individuelle[n]" Fälle, sondern als „im sozialen Normalfall eingebettet […] in eine umfassendere, sozial geteilte und durch ein implizites, methodisches und interpretatives Wissen zusammengehaltene Praktik als ein typisiertes, routinisiertes und sozial ‚verstehbares' Bündel von Aktivitäten" (Reckwitz 2003, S. 293). Für Reckwitz (2003, S. 282) besteht eine Praktik aus bestimmten routinisierten Bewegungen und Aktivitäten des Körpers. Praktiken sind der Ort des Sozialen und Kulturellen (Reckwitz 2006, S. 39). Aus Sicht der Praxistheorie liegt das Soziale einer Praktik in einer Wiederholung und Wiederholbarkeit „gleichartiger Aktivitäten über zeitliche und räumliche Grenzen hinweg, die durch ein praktisches Wissen ermöglicht" (Reckwitz 2003, S. 292) werden. Jene gleichartigen Aktivitäten sind durch ein kollektiv inkorporiertes praktisches Wissen bedingt. Eine mögliche Leitfrage ist hier: Was „können" Menschen, die etwa Gottesdienst, Taufe und Abendmahl feiern? Über welchen „nexus of doings and sayings" (Reckwitz 2003, S. 293) verfügen sie? Erst in den Praktiken wird deutlich, welche „kulturellen Codes" das kirchliche Leben in fragiler Weise durch den „praktischen Sinn" hindurch strukturieren. Diese kulturellen Codes erweisen sich vor allem im Aggregatszustand des praktischen Wissens als „tool kit" (Reckwitz 2003, S. 293). Es lassen sich nun zwei verschiedene Ebenen unterscheiden: Auf der ersten Ebene sind soziale Praktiken in differenzierten sozialen Feldern organisiert, auf einer zweiten Ebene bilden Praktiken einen Sinnzusammenhang von Dispositionen und Codes, es lassen sich so unterschiedliche Lebensformen differenzieren (vgl. Reckwitz 2006, S. 62). Für diese kulturellen Codes spielen Körper, Artefakte und Praktiken über Raum und Zeit eine wichtige Rolle, sie haben somit auch eine historische Dimension. Für das weitere Nachdenken werden insbesondere solche Praktiken relevant, die Öffentlichkeit herstellen, nach innen wie nach außen.

5 Praktiken der Öffentlichkeitsproduktion

Wird Kirche als Gegenstand der Verkündigung und des Glaubens, als rechtlich konstituierte soziale Organisation und aber auch als Handlungsgemeinschaften verstanden (vgl. Reuter 1997), können ihre Praktiken sowie die an diesen Praktiken beteiligten Akteurinnen und Akteure in den Blick genommen werden. Ein besonderer Fokus soll dabei auf Öffentlichkeitspraktiken liegen, die aus den Vollzügen des Glaubens entspringen. Hier werden Menschen zu Zeuginnen und Zeugen, die diese Erfahrungen sodann auch in den öffentlichen Diskurs eintragen können.

Zu den Öffentlichkeitspraktiken in der *Diakonie* gehören zunächst und vor allem die diakonischen Grundvollzüge des Helfens. Weiter lassen sich mit Thorsten Moos (2020, S. 172 f.) drei Ebenen der Öffentlichkeitsproduktion unterscheiden:

- Öffentlichkeit der Mitarbeitenden (etwa Teambesprechungen)
- Öffentlichkeit der Klientinnen und Klienten (Bewohnendenbeirat oder Selbsthilfegruppe)
- Anteil an dem, was zumeist als Öffentlichkeit bezeichnet wird (Diakonie als Teil des Sozialstaats und als wirtschaftliche Akteurin)

Unter den kirchlichen Vollzug der *Gemeinschaft* fallen vor allem alle Formen gemeindlichen Lebens jenseits des gottesdienstlichen Vollzugs, wie Gruppen und Kreise und damit auch solche Zusammenhänge, die sich selbst eher in losem Kontakt zur Kirche als Institution verstehen und in denen eine Beteiligung auch ohne formale Kirchenzugehörigkeit möglich ist. Hier zeigen sich besonders deutlich

Öffentlichkeitspraktiken, etwa im politischen Engagement oder der Wahrnehmung anwaltschaftlicher Ansprüche in Eine-Welt-Gruppen, Engagement für Geflüchtete oder auch kirchliche Friedensgruppen. Für Kirche ist nun charakteristisch, dass sie zwar solche Gruppenbildungen in sich aufnimmt, aber zugleich auch überschreitet. Es zeigt sich zudem: „Insofern und weil die Kirche als Handlungsgemeinschaft und Organisation selbstverständlich Moment der Gesellschaft ist, sind die Grenzen der Kirche zur sie umgebenden Öffentlichkeit offen" (Meireis 2020, S. 149).

Die Öffentlichkeitsproduktion in der *Liturgie* und im *Gottesdienst* war bereits oben Thema. Der Ethiker Hans G. Ulrich (2005, S. 275) begreift den Gottesdienst als Raum der Öffentlichkeit, verstanden als „das in Erscheinung-Treten dessen, was Öffentlichkeit im Sinne einer öffentlichen Angelegenheit, einer *res publica,* stiftet" (Hervorh. im Original). Für ihn erweckt der Gottesdienst selbst eine bestimmte politisch gefasste Öffentlichkeit, in der es gemeinsam in der Welt zu handeln gilt (vgl. Ulrich 2013, S. 67, vgl. dazu auch Hofheinz 2018).

> „Zwischen Wort und Kult changiert die liturgische Haltung, bleibt dynamisch, so dass erste Ableitung und unmittelbares Involviertsein, subjektive Deutung und der körperliche ‚Flow' des Rituals zusammenkommen und der gesamte Gottesdienst zwischen Himmel und Erde und in der beständigen Erwartung geschieht, dass das neue und verändernde Wort inmitten der Worte und Handlungen gehört wird" (Deeg 2020, S. 179).

Es fallen tatsächlich viele Praktiken des Handlungsvollzuges in Liturgie und Sakramenten mit einer Form der inneren und äußeren Öffentlichkeit zusammen, wie etwa die Taufe als öffentliche Bezeugung der Aufnahme in die

Gemeinde oder die Aussendung der Gläubigen nach dem Abendmahl. Hier fallen „religiöse Deutung biographischer Erfahrungen" und die Produktion von Öffentlichkeit zusammen. Der Theologe Wilhelm Gräb, dem es an dieser Stelle vor allem um die persönliche Lebensgeschichte des oder der Einzelnen geht, thematisiert dort auch die damit einhergehende öffentliche Dimension, die gerade in der Tradition des christlichen Glaubens liegt:

> „Wo uns das unbegreifliche Geschenk des Lebens und das Glück, das es bedeuten kann, bewusst wird, drängt menschliches Leben in seine religiöse Deutung, greifen wir aus auf die großen Transzendenzen, will die individuelle Lebensgeschichte immer auch im umfassenden Sinnzusammenhang des christlichen Glaubens gedeutet sein" (Gräb 1998, S. 67).

6 Friedenspraktiken

Solche Deutungen im Sinnzusammenhang verbinden sich an vielen Stellen mit Praxisformen, die auf Frieden abzielen. Diese finden sich im kirchlichen Leben an verschiedenen Stellen, sei es implizit in den Begegnungen, in denen Versöhnung und Neuanfang gelingt, sei es explizit in Gebet und Gottesdienst. Das Gebet für den Frieden in der Welt ist Bestandteil vieler Gottesdienste. Darüber hinaus sind die jährliche ökumenische Friedensdekade und der internationale Gebetstag für den Frieden am 21. September Anlässe, an denen Friedensgottesdienste gefeiert werden. Auch die Friedensdenkschrift betont die Erfahrungen des Friedens Gottes im gottesdienstlichen Vollzug, im Abendmahl und im Friedensgruß sowie im Gebet um Frieden (EKD 2007, Ziff. 39 und 40).

6.1 Ein Beispiel: Der ökumenische Pilgerweg der Gerechtigkeit und des Friedens

Ein Beispiel für eine solche kirchliche Kommunikation in der Öffentlichkeit, die sich aus Praxisformen speist, ist der ökumenische Pilgerweg der Gerechtigkeit und des Friedens Er ordnet sich ein in den Konziliaren Prozess für Gerechtigkeit, Frieden und Bewahrung der Schöpfung, der die Vision des biblischen Shalom mit der politisch-ethischen Verantwortung für einen Frieden durch Recht und Gerechtigkeit verbindet. Dieser Pilgerweg wurde bei der Ökumenischen Vollversammlung 2013 in Busan beschlossen und folgt dem Thema „Gott des Lebens, weise uns den Weg zu Gerechtigkeit und Frieden" (vgl. ÖRK 2013). Die Entscheidung für diesen Pilgerweg ist laut der entsprechenden Erklärung in Praxiserfahrungen gegründet:

> „Aus den 345 Mitgliedskirchen der Gemeinschaft und aus Partnerorganisationen der ökumenischen Bewegung sind wir zusammengekommen im Gebet, haben miteinander Geschichten aus unseren Gemeinschaften vor Ort geteilt und uns durch eindringliche Botschaften von tiefem Schmerz und Hoffnung berühren lassen" (ÖRK 2013).

Mit der Formulierung *des* Friedens und *der* Gerechtigkeit soll insbesondere zum Ausdruck gebracht werden, dass die Kirchen selbst dazu aufgerufen sind, sich auf den Weg zu machen, sprich eigene Praxisformen zu entwickeln. Das Wort „Pilgerweg" wurde gewählt, um auszudrücken,

> „dass es sich um einen Weg mit einer tiefen spirituellen Bedeutung und mit hochtheologischen Konnotationen und Auswirkungen handelt. Als ‚Pilgerweg der Gerechtigkeit

und des Friedens' ist es weder ein Weg hin zu einem konkreten Ort auf der Landkarte, noch eine einfache Form des Aktivismus. Es ist vielmehr ein verwandelnder Weg, zu dem Gott aufgerufen hat, in Erwartung des letztlichen Ziels für die Welt, das der dreieinige Gott bewirkt" (ÖRK 2014).

Fernando Enns deutet dies als Rückgriff auf christliche Traditionen:

„Hierzu besinnen sich die Kirchen erneut auf eine Spiritualität[4], daher die Wahl der Metapher ‚Pilgerweg'. Die christliche Tradition ist reich an spirituellen Ressourcen, die eben diese Haltung und den Willen zu Frieden und Gerechtigkeit motivieren und stärken" (Enns 2016, S. 309).

Unter diesen Pilgerweg fallen zahlreiche kirchliche Engagementformen im Bereich von Frieden und sozialer Gerechtigkeit, das Eintreten für gerechten Frieden, für ein Wirtschaften im Dienst des Lebens und für Klimagerechtigkeit. Alle diese Formen machen damit christliche Inhalte und Überzeugungen in der Öffentlichkeit sichtbar und stellen eine Ergänzung zu kirchlichen Verlautbarungen dar. Zwei zuvor geschilderte Überlegungen sind hier umgesetzt: Zum einen ist eine kirchliche Positionierung in der Öffentlichkeit rückgebunden an konkrete Erfahrungen christlicher Spiritualität in Gottesdienst, Gebet und Gemeinschaft und zum anderen drückt sich diese Positionierung selbst in Praxis aus. Kennzeichnend und für die Frage nach den angesprochenen Adressatinnen und Adressaten besonders relevant ist, dass

---

[4] Auf die Implikationen und Schwierigkeiten des Spiritualitätsbegriffs kann hier nicht näher eingegangen werden.

die Einladung zu diesem Pilgerweg sich nicht auf die Kirchen beschränkt, sondern auch an Glaubende anderer Religionen ergeht, schließlich, an „alle Menschen guten Willens"[5] (ÖRK 2013).

7 Schlussfolgerungen

Wenn der Fokus auf Praktiken liegt, einschließlich solcher, die Öffentlichkeit herstellen, dann erscheint die Frage nach den Adressatinnen und Adressaten kirchlicher Verkündigung weniger isoliert. Öffentliche kirchliche Verkündigung kann so als eine der Grunddimensionen von Kirche verstanden werden, zu verstehen nur in ihrer Rückbindung an andere kirchliche Handlungsvollzüge.[6] Diejenigen, die bei kirchlichen Veröffentlichungen, Stellungnahmen oder Denkschriften die Schreib- und Denkarbeit leisten, sind Akteurinnen und Akteure in solchen Praktiken und damit zugleich Zeuginnen und Zeugen für kirchliche Praxisvollzüge in einem doppelten Sinne: Zeuginnen und Zeugen schaffen zum einen Öffentlichkeit während einer Praktik. Es gilt: „Er [der Akteur, Anm. d. Verf.] wird zum Zeugen des eigenen Tuns und kann außerdem die Wahrnehmung seiner selbst auch noch auf andere verteilen" (Hirschauer 2016, S. 49). Zum anderen erinnern sich Zeuginnen und Zeugen an geschehene Praktiken, sie sichern diese retrospektiv ab und spielen sie dann durch das Verfassen kirchlicher Positionierungen kommunikativ in die Öffentlichkeit ein.

---

[5] Wie realistisch eine solche Selbsteinschätzung ist, bleibt fraglich.
[6] Dies wirft die berechtigte Frage auf, wie themenzentrierte evangelische Veröffentlichungen zu deuten sind, die sich alleine auf Sachfragen fokussieren und häufig von einem Expertengremium formuliert sind. Dem ist weiter nachzugehen.

Als Kriterium zur Beurteilung der Relevanz der Öffentlichkeitspraktiken kann dabei die Frage danach dienen, inwieweit diese um zentrale christliche Glaubensinhalte kreisen – um Vergebung und Neuanfang, um Gnade und Hoffnung. Angesprochen sind dann alle diejenigen, die an kirchlichen Praxisvollzügen Anteil haben oder für die diese eine Relevanz haben. Dies ist sicherlich erst einmal sehr viel bescheidener als der Universalanspruch, der vielen kirchlichen Stellungnahmen eigen ist. Doch trägt diese Einsicht der Tatsache Rechnung, dass schon heute, protestantische Veröffentlichungen mitnichten allen Menschen, vielleicht noch nicht einmal der Mehrheit aller Menschen etwas zu sagen haben, dass sich längst nicht mehr alle Menschen etwas von der Institution Kirche sagen lassen wollen. So wird Kirche nicht als moralische Instanz verstanden, sondern als Bündel von Praktiken, die sich auch auf Öffentlichkeit richten und ihren Ausrichtungspunkt im Wort Gottes haben. Auf diese Weise vergrößert sich die Glaubwürdigkeit und Nachvollziehbarkeit kirchlicher Verkündigung. Ein solcher Ansatz bewegt sich dann vielleicht jenseits eines zielgruppengenauen und medial inszenierten Werbemanagements kirchlicher Äußerungen in der Öffentlichkeit, berührt aber die Frage nach dem „unique selling point" von evangelischer Kirche in der Gegenwart von einer anderen Seite: Es sind ihre Praxisvollzüge, die das Einzigartige und Unverwechselbare von Kirche darstellen. Diese gilt es nun zu übersetzen und fruchtbar zu machen auch für kirchliche Verlautbarungen.

Literatur

Burkhardt, Johannes. 2009. *Deutsche Geschichte in der frühen Neuzeit*. München: C.H. Beck.

Deeg, Alexander. 2020. Weg in der Wahrheit. Liturgische Haltung zwischen Wort und Kult. In *Von semiotischen Bühnen und religiöser Vergewisserung. Religiöse Kommunikation und ihre Wahrheitsbedingungen*, hrsg. von Daniel Tobias Bauer, Thomas Klie, Martina Kumlehn und Andreas Obermann, 163–180. Berlin: De Gruyter.

Enns, Fernando. 2016. Das ambivalente Verhältnis zur Gewalt im Christentum und das Potenzial der ökumenischen Diskussion zum Gerechten Frieden. In *Gewaltfreiheit und Gewalt in den Religionen. Politische und theologische Herausforderungen*, hrsg. von Fernando Enns, 305–312. Münster: Waxmann.

Evangelische Kirche in Deutschland (EKD). 2007. *Aus Gottes Frieden leben – für gerechten Frieden sorgen. Eine Denkschrift des Rates der Evangelischen Kirche in Deutschland*. Gütersloh: Gütersloher Verlagshaus.

Evangelische Kirche in Deutschland (EKD). 2008. *Das rechte Wort zur rechten Zeit. Eine Denkschrift des Rates der Evangelischen Kirche in Deutschland zum Öffentlichkeitsauftrag der Kirche*. Gütersloh: Gütersloher Verlagshaus.

Gerhards, Jürgen und Friedhelm Neidhardt. 1990. *Strukturen und Funktionen moderner Öffentlichkeit. Fragestellungen und Ansätze*. Berlin (Wissenschaftszentrum für Sozialforschung), FS III: 90–101.

Gräb, Wilhelm. 1998. *Lebensgeschichten, Lebensentwürfe, Sinndeutungen. Eine praktische Theologie gelebter Religion*. Gütersloh: Gütersloher Verlagshaus.

Hirschauer, Stefan. 2016. Verhalten, Handeln, Interagieren. Zu den mikrosoziologischen Grundlagen der Praxistheorie. In *Praxistheorie. Ein soziologisches Forschungsprogramm*, hrsg. von Hilmar Schäfer, 45–67. Bielefeld: transcript.

Hofheinz, Marco. 2018. Der Gottesdienst als Raum der Öffentlichkeit. Ethische Konturen einer etwas anderen öffentlichen Theologie. In *Zwischen Diskurs und Affekt. Politische Urteilsbildung in theologischer Perspektive*, hrsg. von Thomas Wabel, Torben Stamer und Jonathan Wieder, 193–213. Leipzig: Evangelische Verlagsanstalt.

Kalinna, Georg. 2019. Die öffentliche Verantwortung einer Kirche für gerechten Frieden. In *Gerechter Frieden als ekklesiologische Herausforderung*, hrsg. von Sarah Jäger und Fernando Enns, 77–103. Wiesbaden: Springer VS.

Laube, Martin. 2019. Öffentliches Christentum. Überlegungen zum Problem der „Übersetzung" religiöser Gehalte. In *Ethik in pluralen Gesellschaften*, hrsg. von Sarah Jäger und Reiner Anselm, 47–69. Wiesbaden: Springer VS.

Meireis, Torsten. 2020. Öffentlichkeit – eine kritische Revision. Zur Grundlegung öffentlicher als kritischer Theologie. In *Sozialethik als Kritik*, hrsg. von Michelle Becka, Bernhard Emunds, Johannes Eurich, Gisela Kubon-Gilke, Torsten Meireis und Matthias Möhring-Hesse, 125–158. Baden-Baden: Nomos.

Merle, Kristin. 2019. *Religion in der Öffentlichkeit. Digitalisierung als Herausforderung für kirchliche Kommunikationskulturen*. Berlin: De Gruyter.

Mielke, Roger. 2018. „Differenzierter Konsens". Das Leitbild des gerechten Friedens und seine umstrittene Anwendung. In *Gerechter Frieden als Orientierungswissen*, hrsg. von Ines-Jacqueline Werkner und Christina Schües, 27–48. Wiesbaden: Springer VS.

Moos, Thorsten. 2020. Öffentliche Diakonie. Ein praxistheoretischer Zugang zum theologischen Problem des Öffentlichen. In *Konzepte und Räume Öffentlicher Theologie. Wissenschaft – Kirche – Diakonie*, hrsg. von Ulrich H.J. Körtner, Reiner Anselm und Christian Albrecht, 167–186. Leipzig: Evangelische Verlagsanstalt.

Ökumenischer Rat der Kirchen (ÖRK). 2013. Schließt euch unserer Pilgerreise der Gerechtigkeit und des Friedens an. Botschaft der 10. ÖRK-Vollversammlung. https://www.oikoumene.org/sites/default/files/Document/MC%2001%20Botschaft%20der%2010.%20%C3%96RK-Vollversammlung.pdf. Zugegriffen: 27. Dezember 2020.

Ökumenischer Rat der Kirchen (ÖRK). 2014. Eine Einladung zum Pilgerweg der Gerechtigkeit und des Friedens – überarbeitete Fassung. Dokument Nr. GEN 05 rev. https://www.oikoumene.org/sites/default/files/Document/GEN05rev_Einladung_zum_Pilgerweg_der_Gerechtigkeit_und_des_Friedens_REVISED.pdf. Zugegriffen: 27. Dezember 2020.

Reckwitz, Andreas. 2003. Grundelemente einer Theorie sozialer Praktiken. Eine sozialtheoretische Perspektive. *Zeitschrift für Soziologie* 32 (4): 282-301.

Reckwitz, Andreas. 2006. *Das hybride Subjekt: Eine Theorie der Subjektkulturen von der bürgerlichen Moderne zur Postmoderne.* Weilerswist: Velbrück Wissenschaft.

Reuter, Hans-Richard. 1997. Der Begriff der Kirche in theologischer Sicht. In *Das Recht der Kirche, Bd. I. Zur Theorie des Kirchenrechts*, hrsg. von Hans-Richard Reuter, Gerhard Rau und Klaus Schlaich, 23–75. Gütersloh: Gütersloher Verlagshaus.

Ulrich, Hans G. 2005. *Wie Geschöpfe leben. Konturen evangelischer Ethik.* Münster: LIT.

Ulrich, Hans G. 2013. Ethos als Zeugnis. Konturen christlichen Lebens mit Gott in der „Welt" bei Stanley Hauerwas und Karl Barth. *Zeitschrift für Dialektische Theologie* 29 (2): 50–73.

van Oorschot, Frederike. 2019. Hermeneutische Grundfragen zur Übersetzbarkeit religiöser Überzeugungen. Übersetzung und gegenseitiges Vertrautwerden. In *Theologie in Übersetzung? Religiöse Sprache und Kommunikation in heterogenen Kontexten*, hrsg. von Frederike van Oorschot und Simone Ziermann, 17–33. Leipzig: Evangelische Verlagsanstalt.

Wohlfeil, Rainer. 1984. Reformatorische Öffentlichkeit. *In Literatur und Laienbildung im Spätmittelalter und in der Reformationszeit. Symposion Wolfenbütel 1981*, hrsg. von Ludger Grenzmann und Karl Stackmann, 41–52. Stuttgart: Metzler.

;
Die Adressaten sozialethischer Stellungnahmen
Eine katholische Perspektive

Klaus Ebeling

1 Einführung

Auf die Frage, wer mit welcher Autorität wem etwas zu sagen hat, gibt es natürlich auch in der katholischen Kirche verschiedene Antworten. Ihr ist, anders als es immer noch manche glauben oder glauben machen wollen, als weltweit in verschiedensten Kontexten präsente Akteurin, in durchaus besonderer Weise die Aufgabe gestellt, Identität und Pluralität, Wahrheit und Toleranz, Autorität und Partizipation, Wahrhaftigkeit und Demut zusammenzudenken und praktisch zu vermitteln.

Wie schwierig und konfliktträchtig es bereits ist, die damit verknüpften Probleme prinzipiell und situativ

---

K. Ebeling (✉)
Berlin, Deutschland
E-Mail: klaus-ebeling@t-online.de

wenigstens angemessen zu formulieren, geschweige denn, überzeugende Lösungen zu erarbeiten, demonstriert aktuell der Versuch der deutschen Katholiken, im Rahmen eines synodalen Prozesses kirchliche Reformfähigkeit zu entwickeln[1]. Wobei zu ergänzen ist, dass das Konfliktpotenzial themenabhängig erheblich variiert. So führt die Frage lehramtlicher Autorität vor allem bei Glaubens- und Kirchenfragen (im engeren Sinne) zu Konflikten völlig anderer Qualität als etwa bei politisch-ethischen Stellungnahmen zu Themen der Sicherheits- und Friedenspolitik, auf die ich mich im Folgenden konzentrieren werde. Auf diesem Feld sind auch konfessionsspezifische Unterscheidungen zu relativieren, auf die zum Beispiel Arnulf von Scheliha (2003) in einem vergleichenden Beitrag zum katholischen Bischofswort *Gerechter Friede* und der vom Rat der EKD verantworteten Schrift *Schritte auf dem Weg des Friedens* – mit Einschränkungen hinsichtlich ihrer inhaltlichen Tragweite – rekurrierte; er schrieb:

> „Während die Deutsche Bischofskonferenz die Lehre der römisch-katholischen Kirche verbindlich artikulieren und vertreten kann, gilt dies für Verlautbarungen des ‚Rates der EKD' nicht in der gleichen Weise. Kirchliche Stellungnahmen stehen – vor dem Hintergrund der Leitvorstellung des allgemeinen Priestertums aller Gläubigen – grundsätzlich unter dem Vorbehalt ihrer individuellen Aneignung durch den Einzelnen, der in seinem Gewissen seine Position zu den Fragen christlicher Friedensethik verantwortet. Es unterscheiden sich also im ‚normativen Geltungsanspruch kirchlicher Äußerungen zu ethischen Fragen [...] die Positionen der katholischen

---

[1] Grundsätzliches zum Thema bietet der von Graulich und Rahner (2020) herausgegebene Band zur römischen Studie „Die Synodalität in Leben und Sendung der Kirche" (Internationale Theologische Kommission 2018). Vgl. auch Schuster (2016).

und evangelischen Kirche zutiefst'" (S. 105; mit Zitat von Hartmut Kreß 2001).

2 Katholische Stellungnahmen

Die folgenden exemplarischen Anmerkungen zu neueren offiziellen katholischen Verlautbarungen werden die zitierte Aussage nicht völlig zurückweisen, aber eben auch nicht bestätigen können; sie charakterisiert weder das Selbstverständnis noch die Argumentationsart der deutschen Bischofskonferenz so genau wie nötig. Und auch die aktuellen friedensethischen Stellungnahmen päpstlicher oder vatikanischer Provenienz bestätigen nicht – trotz stärkerer Akzentuierung lehramtlicher Kontinuität – die auf anderen Gebieten oft bestätigte Erwartung autoritär vorgetragener Geltungsansprüche. Sie reflektieren allesamt, dass sie politische Relevanz nur gewinnen können, wenn sie nicht bloß den (übrigens gar nicht so unkritisch zustimmungswilligen) Katholiken, sondern „allen Menschen guten Willens" überzeugend oder zumindest nachvollziehbar erscheinen.

2.1 Friedensworte der deutschen Bischöfe

Vorweg sei vermerkt, dass die direkt bezogenen offiziellen Dokumente in wechselseitig kritischer (und gewiss optimierbarer) Auseinandersetzung mit wissenschaftlicher Expertise und engagierten kirchlichen Gruppen und Initiativen erarbeitet wurden. Über die mitgliedschafts- und einflusslogische Bedeutung solcher Akteure, die das breite Repertoire zivilgesellschaftlicher Kommunikations- und Aktionsarten zu nutzen wissen (und zudem oft ökumenisch agieren), wird im grundsätzlichen Teil dieses Beitrages noch zu sprechen sein.

Das Selbstverständnis, die kommunikative Absicht wie auch die Adressierung dieser kirchlichen Botschaften lässt sich anhand einiger Zitate recht präzise umreißen.

Gleich in der Einleitung zu *Gerechtigkeit schafft Frieden* (GsF 1983, Abschn. 3.1) rekurrieren die Bischöfe bei der Beschreibung ihrer Aufgabenstellung auf ein Dokument des Zweiten Vatikanischen Konzils, die pastorale Konstitution über die Kirche in der Welt von heute *Gaudium et spes* (GS 1965); das heißt, sie verstehen sich als regionale Repräsentanten der Weltkirche: Aus der religiösen Sendung, „der Menschheit das Evangelium zu bezeugen", ergeben sich „Auftrag, Licht und Kraft, um der menschlichen Gemeinschaft zu Aufbau und Festigung nach göttlichem Gesetz behilflich zu sein' (GS 1965, Ziff. 42)"; die Kirche nimmt das Recht in Anspruch, „auch politische Angelegenheiten einer sittlichen Beurteilung zu unterstellen, wenn die Grundrechte der Person oder das Heil der Seelen es verlangen' (GS 1965, Ziff. 76)" und sieht sich „kraft ihrer Universalität" in besonderer Weise geeignet, „ein ganz enges Band zwischen den verschiedenen menschlichen Gemeinschaften und Nationen zu bilden' (GS 1965, Ziff. 42)." Allerdings – dieser Autoritätsanspruch wird dann von den Bischöfen hinsichtlich des kirchlichen Beitrags zur Sicherung des Friedens insofern relativiert, als sie „die Träger staatlicher Autorität in eine schwere politische Verantwortung gestellt [sehen], die sie mit eigener Sachkompetenz wahrzunehmen haben". Zwar möchten sie auch hier „nicht nur die dafür geltenden sittlichen Prinzipien in Erinnerung rufen, sondern auch Kriterien nennen, die deren Anwendung auf konkrete Fragen erlauben", gestehen aber zugleich, dass „Fragen bleiben [werden], auf die unter Christen verschiedene Antworten möglich sind" und „„in solchen Fällen niemand das Recht hat, die Autorität der Kirche ausschließlich für sich und seine eigene Meinung in Anspruch zu nehmen. Immer aber sollen sie in einem offenen Dialog sich gegenseitig zur Klärung der Frage zu helfen suchen; dabei sollen sie die gegenseitige Liebe bewahren und vor allem auf das Gemeinwohl bedacht sein' (GS 1965, Ziff. 43)'" (GsF 1983, Abschn. 3.1).

Im Bewusstsein dieser Problematik stellt später *Gerechter Friede* (GF 2000, Ziff. 2) in Bezug auf das Problem nuklearer Abschreckung fest: „Die lehramtlichen Äußerungen innerhalb der katholischen Kirche gaben auf die schwierige, das Gewissen vieler Menschen außerordentlich belastende Frage durchaus unterschiedlich nuancierte Antworten. Sie stimmten aber in der Überzeugung überein, dass die Strategie der nuklearen Abschreckung nur befristet und verbunden mit der Pflicht, ‚mit aller Anstrengung nach Alternativen zur Androhung von Massenvernichtung zu suchen' (GsF 1983, Abschn. 4.3.2), ethisch toleriert werden könne." Hier zeigt sich beispielhaft die auch sonst übliche Intention, Dissens-Toleranz mit nachdrücklicher Konsensmarkierung zu verknüpfen. Wobei diese im neueren Bischofswort – wie generell in jüngeren Stellungnahmen – zumeist in stärker werbender Tonart kommuniziert wird. Intendiert ist eine umfassende Zielperspektive, „die nicht nur der Politik eine überzeugende Richtung weist, sondern vor allem die Menschen und Völker zu begeistern und mitzureißen vermag"; der „Blick in die Bibel [...] soll uns helfen, die menschliche Wirklichkeit im Lichte der göttlichen Verheißungen zu sehen, mit brennendem Herzen und doch zugleich nüchtern" (GF 2000, Ziff. 8); die Kirche soll zum „Sakrament des Friedens" werden, die Gläubigen sich als „solidarische Zeitgenossen" bewähren (GF 2000, Ziff. 10).

Beide Bischofsworte entwickeln friedensethische Erwägungen grundsätzlicher Art zur gegebenen weltpolitischen Konstellation. Deutsche Diskussionslagen sind dabei über weite Strecken lediglich implizit präsent. Explizit auf Deutschland hin spezifizierte Darlegungen mit entsprechend spezifizierter Adressierung rücken erst in den letzten Kapiteln ins Zentrum: In GsF geschieht das im Kapitel über „Impulse und Empfehlungen zur Friedensarbeit", vor allem bei den Themen Friedenspädagogik, Friedensdialoge, Dienste für den Frieden, Menschenrechtsarbeit und europäische Partnerschaft; in GF zunächst in einem auf die Bundeswehr bezogenen Abschnitt „Streitkräfte im Wandel" (II.7.2.), dann im abschließenden Teil III „Aufgaben der Kirche", wo im Kontext der gerade genannten Themen und im Bewusstsein der deutschen Gewaltgeschichte die Anwaltschaft für Versöhnung und internationale Solidarität als besondere Verpflichtung der deutschen Christen hervorgehoben und mit Bezug auf ein breites Spektrum von kirchlichen Organisationen und Initiativen erörtert werden.

Obwohl eigentlich selbstverständlich, sei noch erwähnt, dass die katholischen Bischöfe die Organisationen der Evangelischen Kirchen in Deutschland in diesen Kontexten als „erstrangige Partner" im Blick haben (begrifflich explizit: GF 2000, Ziff. 175).

2.2 Päpstliche Sozialenzykliken

Seit der Enzyklika *Pacem in terris* [PT], die Papst Johannes XXIII. (1982 [1963]) erstmals explizit „an alle Menschen guten Willens"[2] adressierte, wenden sich alle Päpste in

---

[2] Auf diese Adressierung, die den Anfang der Enzyklika markiert, rekurriert der Papst dann auch mehrmals im Kontext der pastoralen Weisungen des

ihren großen sozialethischen Botschaften an die Weltöffentlichkeit und die Repräsentanten aller Staaten, insbesondere auch an die Vereinten Nationen. Ebenfalls begründet diese Enzyklika mit ihrer Würdigung der Allgemeinen Erklärung der Menschenrechte als „Akt von höchster Bedeutung" (PT 1982), Ziff. 143 beziehungsweise VaZiff. 75) eine um die individuellen, politischen und sozialen Menschenrechte zentrierte lehramtliche Tradition, freilich: diese als Ausdruck des „natürlichen Sittengesetzes" verstehend. In diesem Sinne formuliert Johannes, dass die „Grundsätze, die wir hier aufgestellt haben, [...] aus der Natur der Dinge selbst und sehr oft aus dem Naturrecht [sich ergeben]" und verweist anschließend – verbunden mit der an die Katholiken gerichteten Mahnung, „sich selber treu zu bleiben" – auf die Zusammenarbeit bei der Verwirklichung dieser Prinzipien nicht bloß „mit Christen, die vom Apostolischen Stuhl getrennt sind", sondern auch mit „Nichtchristen, die von vernünftigem Denken bestimmt und von natürlich-untadeligem Charakter sind" (PT 1982), Ziff. 157 beziehungsweise VaZiff. 82). Die Begründung der Kommunikations- und Kooperationsbereitschaft mit Anders- und Nichtgläubigen – auch das zeigt diese Formulierung – erfolgt allerdings „von oben

---

letzten Kapitels: „Allen Menschen guten Willens ist hier eine große Aufgabe gestellt: unter dem Leitstern der Wahrheit, der Gerechtigkeit, der Liebe und der Freiheit in der menschlichen Gesellschaft neue Wege der gegenseitigen Beziehungen zu finden" (PT, VaZiff. 87); „Was Wir bisher über die Fragen ausgeführt haben, welche die Gesellschaft gegenwärtig so beunruhigen und die mit dem Fortschritt der Menschheitsfamilie eng zusammenhängen, das hat Unserem Herzen jene starke Sehnsucht eingegeben, von der alle Menschen guten Willens entflammt sind: daß auf dieser Erde der Friede gesichert werde" PT, Ziff. 166 bzw. VaZiff. 89); „Allen Menschen guten Willens aber, an die Unser Brief ebenfalls richtet, erflehen Wir Heil und Segen von Gott dem Allmächtigen" (PT, Ziff. 172 bzw. VaZiff. 91 – letzter Satz).

herab", im Vertrauen auf eine naturrechtlich-objektiv wahrheitsfähige Vernunft aller Menschen. Das kennzeichnet auch in der Folge noch weithin die zwar biblisch und christlich gerahmten, aber zu großen Teilen naturrechtlich argumentierenden sozialethischen Stellungnahmen. Historisches Bewusstsein und mit ihm ein verändertes Naturrechtsverständnis gewinnen gleichwohl immer mehr Raum, auch schon im bereits zitierten, nur zwei Jahre später veröffentlichten Konzilsdokument *Gaudium et spes* [GS]. Ein Beispiel: „Die Erfahrung der geschichtlichen Vergangenheit, der Fortschritt der Wissenschaften, die Reichtümer, die in den verschiedenen Formen der menschlichen Kultur liegen, durch die die Menschennatur immer klarer zur Erscheinung kommt und neue Wege zur Wahrheit aufgetan werden, gereichen auch der Kirche zum Vorteil. [...] Zur Steigerung diese Austauschs [mit den verschiedenen Kulturen] bedarf die Kirche vor allem in unserer Zeit mit ihrem schnellen Wandel der Verhältnisse und der Vielfalt ihrer Denkweisen der besonderen Hilfe der in der Welt Stehenden, die eine wirkliche Kenntnis der verschiedenen Institutionen und Fachgebiete haben und die Mentalität, die in diesen am Werk ist, wirklich verstehen, gleichgültig, ob es sich um Gläubige oder Ungläubige handelt" (GS 1965, Ziff. 44).

In durchaus herausragender Weise hat die Dynamik hin zu einer „entdogmatisierten" (was nicht heißen muss: weniger entschieden sich äußernden) Denkweise – der sehr große Zeitsprung ist dem gegebenen Rahmen geschuldet – in den Wortmeldungen von Papst Franziskus gefunden. Die weltweit beachtete Enzyklika *Laudato si'* ist nicht mehr – wie Bernhard Emunds und Matthias Möhring-Hesse (2015, S. 242; vgl. auch Heimbach-Steins und Stockmann 2019, S. 14, 19 f.) es in ihrem Kommentar treffend bemerken – als Sozial-*Lehre* konzipiert, die mit Ableitungen „aus der Natur der Sache" auch den Menschen außerhalb der Kirche autoritär Vorgaben zu machen sucht[3]:

„Stattdessen zielt er *erstens* auf einen weltweiten Dialog über eine Politik der öko-sozialen Transformation und unterstellt, was dessen Notwendigkeit und dessen Ziele angeht, einen grundlegenden Konsens. Diesen Konsens führt er aus – und rahmt in *zweitens* theologisch ein, um *einerseits* den anvisierten Konsens zu inspirieren und um *andererseits* den Dialogpartnern vorzustellen, aus welchen theologischen Überzeugungen und Einstellungen Christinnen und Christen in diesen Dialog und auf eine Politik der öko-sozialen Transformation drängen" (Emunds und Möhring-Hesse 2015, S. 242, vgl. S. 345 f.).

Da der Lehranspruch der Textgattung zudem durch die Ich-Rede relativiert ist, wird umso wichtiger, was er zu sagen hat. Wenngleich dies zugleich auch dazu führen kann, dass die Erklärung, die er ja als Papst der katholischen Kirche vorträgt, „unter den Geltungsanspruch der Authentizität gerät" (Emunds und Möhring-Hesse 2015, S. 243).

In der 2020 veröffentlichten Enzyklika *Fratelli tutti,* unternimmt Franziskus den Versuch, „aus Sorge um das gemeinsame Haus" (FT 2020, Ziff. 117) und im Ausgang von „Tendenzen der heutigen Welt [...], welche die

---

[3] Vgl. hierzu noch Benedikt XVI., u. a. in seiner Rede vor dem Deutschen Bundestag (2011). Zur Kritik am „naturrechtlichen Schneckenhaus" der traditionell-katholischen Soziallehre sei auf die einst aufgeregt diskutierten, immer noch lesenswerten Debattenimpulse von Bernhard Emunds und Matthias Möhring-Hesse in dem gemeinsam mit Friedhelm Hengsbach (1993) herausgegebenen Band „Jenseits Katholischer Soziallehre" verwiesen. Mit Franz-Josef Bormann teile ich gleichwohl die Einschätzung, dass die Moraltheologie auch „in konstruktiver Fortschreibung ihrer naturrechtlichen Tradition einige wichtige Einsichten in das zeitgenössische Nachdenken über die Grenzen der ‚öffentlichen Vernunft' einbringen [könnte]" (Bormann 2014, S. 88; mit konkretisierenden Hinweisen auf den nachfolgenden Seiten).

Entwicklung einer Geschwisterlichkeit aller Menschen behindern" (FT 2020, Ziff. 9) – darunter alle gewaltträchtigen Versuche, Sicherheit zwischen und innerhalb von Staaten und Gesellschaften zu gewährleisten (FT 2020, Kap. 7) oder Religion als identitäres Projekt zu missbrauchen (FT 2020, bes. Kap. 8) – seine früheren Beiträge „in einen größeren Reflexionsrahmen" (FT 2020, Ziff. 5) zu stellen. Die dabei leitende dialogische Intention unterstreicht er durch die Anführung eines weiten Spektrums von Inspirationsquellen: In der Einleitung werden (mit Bezug auf *Laudato si'*) der orthodoxe Patriarch Batholomaios und (mit Bezug auf das gemeinsame „Dokument über die Brüderlichkeit aller Menschen für ein friedliches Zusammenleben in der Welt") der Großimam Ahmad Al-Tayeb hervorgehoben[4]:

„Die vorliegende Enzyklika sammelt und entwickelt prinzipiell Themen, die in jenem von uns gemeinsam unterzeichneten Dokument aufgeführt sind. Hierbei habe ich auch, mit meinen Worten, zahlreiche Dokumente und Briefe aufgenommen, die ich von vielen Menschen und Gruppen aus aller Welt empfangen habe" (FT 2020, Ziff. 5).

„Die folgenden Seiten erheben nicht den Anspruch, die Lehre über die geschwisterliche Liebe umfassend darzustellen. Sie verweilen vielmehr bei ihrer universalen Dimension, bei ihrer Öffnung auf alle hin. Ich lege diese Sozialenzyklika als demütigen Beitrag zum Nachdenken vor […] auf der Grundlage meiner christlichen Überzeugungen, die mich beseelen und nähren, und ich habe mich bemüht, diese Überlegungen für den Dialog mit allen Menschen guten Willens offen zu halten" (FT 2020, Ziff. 6).

---

[4] Im Schlussteil der Enzyklika (FT 2020, Ziff. 286 f.) bezieht er sich namentlich noch auf Franz von Assisi, Martin Luther King, Desmond Tutu, Mahatma Ghandi – und Charles de Foucauld, der „durch die Identifikation mit den Geringsten […] zum Bruder aller Menschen [wurde]".

3 Grundsätzliche Überlegungen

Ob die katholische Kirche qua Welt- und Ortskirche sowie die mit ihr verbundenen Organisationen und zivilgesellschaftlichen Akteure mit ihren Botschaften und Stellungnahmen, Initiativen und Aktionen die jeweils adressierten Personen, Gesellschaften und Staaten erreichen können, hängt gewiss in hohem Maße davon ab, mit welchem Selbstverständnis und welcher Sprache sie sich einzumischen suchen. Ebenso entscheiden freilich auch externe Wahrnehmungen, Zuschreibungen sowie systemische Konstellationen und situative Gegebenheiten über die kirchlichen Einflussmöglichkeiten. Einige zentrale Aspekte dieser internen und externen Faktoren möchte ich im Folgenden ansprechen. Dabei knüpfe ich an Überlegungen von Marianne Heimbach-Steins und Nils Stockmann (2019, bes. S. 30–42) an, die (im Kontext ihrer Würdigung von *Laudato si'*) auf den Change-Agent-Ansatz der Transformationsforschung rekurrieren[5].

3.1 Interne Kriterien (Mitgliedschaftslogik)

Anerkennung und Partizipation – Normative Integrität und Durchsetzungskraft

Wie bereits in der Einleitung vermerkt, ist im Verhältnis zwischen den Repräsentanten und Funktionsträgern aller amtskirchlichen Hierarchie-Ebenen und den katholischen „Laien" viel in Bewegung geraten, gerade in der deutschen Kirche. Mit lehramtlichem Autoritätsanspruch, der Beschwörung (bisweilen bloß prätendierter)

---

[5] Vgl. hierzu Baumgart-Ochse (2010, 2014), Fuchs und Engelkamp (2010), Kristof (2010), Werkner und Hidalgo (2014), Wissenschaftlicher Beirat Globale Umweltveränderungen (2014).

Kontinuität kirchlicher Lehre lassen sich kritische Anfragen der Gläubigen kaum mehr „erledigen". Das Bemühen, die christliche Botschaft „unverkürzt" weiterzugeben, sie in sich verändernden Lebenswelten zugleich immer wieder kreativ zu erschließen, erlebbar zu machen – und dabei beieinander zu bleiben, ist gewiss respektabel. Konsense lassen sich aber weder in Glaubensfragen noch gar in kirchlichen oder politisch-ethischen Angelegenheiten verordnen. Vor allem darf der Wille zur Einheit – ebenso wie die zu Recht vehement propagierte Gemeinwohlorientierung[6] – keinesfalls mit der Abwertung von Individualität und Pluralität verknüpft werden.

In einem Anfang 2021 publizierten Interview hat der Vorsitzende der deutschen Bischofskonferenz, der Limburger Bischof Bätzing, sich dazu klar positioniert. Mit scharfen Worten distanziert er sich da von der ersten Reaktion der römischen Glaubenskongregation auf ein positives ökumenisches Expertenvotum zur Frage der Eucharistischen Gastfreundschaft: „Es hat etwas Zynisches, denen einfach zu sagen: Nein, das geht alles nicht, arbeitet mal weiter" (2021, S. 19[7]). Und zur Kritik am Synodalen Weg bemerkt er:

> Ich versuche, das zu verstehen, und ahne, dass man in Rom unter großem Druck ist, wie man die Weltkirche so unterschiedlicher kultureller Prägungen zusammenhalten kann.

---

[6] So belastet auch Franziskus seine eindrucksvolle Vision einer solidarischen Weltgemeinschaft mit einer an manchen Stellen („technokratisches Paradigma", „praktischer Relativismus", egoistischer „Individualismus", interessenfixierter „Liberalismus", anthropozentrischer „Relativismus" etc.) doch recht einseitig gestrickten Modernekritik (2016, z. B. Kap. III; 2020, z. B. Ziff. 163, 206).

[7] Als deeskalierendes Signal lässt sich wohl ein Offener Brief von Kurienkardinal Koch an Volker Leppin, den evangelischen Wissenschaftlichen Leiter des Ökumenischen Arbeitskreises zu verstehen, in dem er den Vorwurf der Gesprächsverweigerung zu entkräften sucht (Koch 2021).

Darauf haben wir katholischerseits noch keine gute Antwort. Aber die Antwort darf nicht sein: Wir warten auf den Letzten, niemand darf vorangehen, niemand darf Fragen stellen und nach Antworten suchen, die für seinen kulturellen Kontext zutreffend sind und dazu führen, dass der Graben zwischen dem Evangelium und der jeweiligen Kultur nicht immer größer wird. Das ist doch unser Problem. Die Antworten müssen dezentraler sein dürfen, müssen Freiräume erlauben. Wir müssen viel mehr Inkulturation betreiben, wo immer sie nicht an das depositum fidei rühren" (Bätzing 2021, S. 19)

Auch hier indiziert die letzte, einschränkende Aussage freilich die bleibende Schwierigkeit, in Glaubensfragen Wahrheits- und Freiheitsorientierung verbindlich zu vermitteln. Dennoch: Bei aller sich aufdrängenden Kritik am Lehramt, insbesondere wegen zu oft erstaunlich unzulänglicher, anmaßend autoritärer Interventionen vatikanischer Instanzen, kann mir dessen Beseitigung nicht als erstrebenswerte Alternative erscheinen. Die (welt-)kirchliche Selbstverpflichtung auf *gemeinsame* Wahrheitssuche und auf *gemeinsames* sittliches Handeln „nach bestem Wissen und Gewissen", das unabschließbare und korrekturbereite Bemühen, Konsense zu erreichen und gegebenenfalls auch Differenzgrenzen zu markieren, können – wenn es denn gelingt, diese Prozesse in wechselseitig kritischer Loyalität zu gestalten – Verständnis und Praxis der Nachfolge Christi beständig vorantreiben[8].

---

[8] Anstelle eines sachlich naheliegenden Exkurses über Gewissensfreiheit und (lehramtlicher) Normkompetenz müssen hier Literaturverweise genügen. Die katholischen Konfliktlinien lassen sich (immer noch) recht gut am Beispiel der Debatte über *Veritatis splendor,* der Moral-Enzyklika von Johannes Paul II (1993), studieren. Siehe hierzu Goertz (2014), Goertz und Striet (Hrsg.) (2020). Zur Frage, ob das Papstschreiben *Amoris laetitia* (Papst Franziskus 2016) wirklich einen Paradigmenwechsel in der katholischen Morallehre bedeutet siehe Goertz und Witting (Hrsg.) (2016), hier besonders die Beiträge von Goertz und Witting, Autiero, Bogner und Schuster.

Beim kirchlichen Engagement für die sozialethischen Problemfelder Frieden, Entwicklung und soziale Gerechtigkeit ist das „Projekt Einheit in Vielfalt", also die global-regional-lokale Vernetzung und Verständigung sowie Kooperation nach Maßgabe des Subsidiaritätsprinzips, trotz keineswegs bloß marginaler Streitthemen, weithin akzeptiert. Gerade die deutsche, auf diesen Feldern auch ökumenisch gut vernetzte Kirche bietet hier gutes Anschauungsmaterial; man denke etwa an die theoretisch reflektierte vertikale wie horizontale Vernetzung von „Justitia et Pax" oder der „Gemeinsame[n] Konferenz Kirche und Entwicklung", an „Misereor" und „Brot für die Welt", „Diakonie" und „Caritas". Genau dies vermag, intern wie extern, die Wahrnehmung der Kirche als gewichtigen, integren Akteur zu stärken, und zwar besonders dort, wo es zugleich deren Eigenständigkeit gegenüber staatlicher Macht mit bezeugt. Kirche profitiert hier von der Verortung in einer pluralistischen Gesellschaft und einem säkularen Staat.

3.2 Externe Kriterien (Einflusslogik)

Glaubwürdigkeit – Ressourcenbereitstellung – Gelegenheitsstrukturen

Dass diese Sicht nicht überall geteilt wird und die Beziehung von Religion, Gesellschaft und Staat auch aggressiv anders praktiziert werden kann, wird unter anderem durch den politischen Islamismus im Iran, den indischen Hindu-Nationalismus, auch durch die Rolle der Orthodoxie in Russland oder der katholischen Kirche in Polen drastisch belegt, kann aber an dieser Stelle nicht eigens analysiert und diskutiert werden. Fokussiert auf die Situation in Deutschland und die meisten anderen „westlichen" Gesellschaften ist es allerdings nicht sonderlich riskant, anzunehmen, dass integralistisch übergriffige Machtansprüche religiöser Akteure ebenso wie die Hinnahme oder gar Unterstützung strategischer Instrumentalisierung religiöser Inhalte und Institutionen durch politische Akteure Reputations- und Relevanzverlust bewirken (würden).

Nicht so leicht ist für diese „westlichen" Gesellschaften die Frage zu beantworten, inwieweit die Akzeptanz und Wertschätzung kirchlichen Engagements mit der (Un-)Sichtbarkeit der religiösen Motive und Gründe korrespondiert. In den oben hervorgehobenen Politikfeldern stören „irgendwie christliche" Werte nicht; sie gelten vielmehr im Sinne eines „cultural match"[9] als allgemein zustimmungsfähige (politisch-)ethische Überzeugungen. Davon erkennbar verschieden werden jedoch beispielsweise die ethischen Fragen zu Anfang und Ende menschlichen Lebens oder der Biopolitik diskutiert, wo gläubige Christen und ganz besonders die katholische Kirche als genuin religiöse Moralunternehmer wahrgenommen werden. Abgesehen von der Glaubwürdigkeitserosion infolge herber Widersprüche zwischen Bekenntnis und Leben, Moral und Handeln (was angesichts des skandalösen Umgangs mit „Missbrauchs"-Verbrechen extrem schwerfallen muss), wecken Partizipations- und Mitgestaltungsansprüche von Gläubigen, kirchlichen Institutionen und Akteuren immer dann schnell auch Misstrauen und geraten unter Rechtfertigungsdruck, wenn ihre moralischen Wertungen und ethischen Begründungen mit ihrer spezifisch religiösen Selbst- und Weltdeutung exklusiv verklammert scheinen. Die Abwehr säkularistischer Positionen, die Religion deswegen lediglich als „Privatsache" gelten lassen und die Relevanz religiöser Perspektiven und Überzeugungen in öffentlichen

---

[9] Vgl. Fuchs und Engelkamp 2010, deren kritische Anknüpfung an Joshua W. Bubys Konzept des „cultural match": S. 11 ff.

Debatten generell bestreiten, dürfte allerdings weniger Aufwand erfordern als die Auseinandersetzung mit säkular oder postsäkular konnotierten Einschätzungen, für die funktionalistische Erwägungen maßgebend sind. Zentrale Aufgabe ist es hierbei, eine möglichst nicht-reduktionistische Verständigungs-, auch: Übersetzungskompetenz, schließlich eine vor allem lebenspraktisch bereichernde Mehrsprachigkeit zu entwickeln. Selbstbewusst wahrhaftiges Sprechen vom eigenen Ort her und eine es zugleich beglaubigende und erläuternde Praxis oder: authentische Sprachfähigkeit *und* ausdrucksstarke Handlungsfähigkeit müssen zusammenwirken. Das wird in manchen Kontexten und Situationen schwierig sein, auch an Grenzen stoßen, befördert langfristig dennoch wohl eher wechselseitigen Respekt vorm Anderssein als profilloses Mittun; freilich: nur solange religions- beziehungsweise kirchenspezifische Akteursqualitäten selber nicht instrumentalistisch in Nutzenkalkülen verbraucht werden.

Obgleich es mir fernliegt, die Entdeckung nicht zuletzt des christlichen Glaubens als Bundesgenossen im Einsatz gegen „Tendenzen einer entgleisenden Moderne" (Habermas 2008b, S. 411) als bloß funktionales Interesse zu denunzieren, bleibt Jürgen Habermas, auf dessen wichtigen Beitrag zur Verständigung über Glauben und Wissen, Religion und (post-)säkularer Gesellschaft ich anspiele, auf seinem Weg von einem einsinnig säkularisierungstheoretischen Verständnis der Religion (das deren humanen Gehalte in einer nachmetaphysischen Semantik und emanzipatorischen gesellschaftlichen Praxis „aufzuheben" sucht), über die Annahme andauernder Koexistenz von Religion und säkularer Gesellschaft, hin zu weitreichenden Verständigungs- und Kooperationsperspektiven, auch noch im Spätwerk vor allem ein instruktiv fordernder Beobachter der Religion „von außen"[10]. Im Sinne eines „lernbereite[n] Agnostizismus" (2008a, S. 406) bekundet er Respekt vor dem „opaken Kern der religiösen Erfahrung", vor der „Eigenart der religiösen Rede und de[m] Eigensinn des Glaubens" (2005, S. 150), betont aber zugleich auch „die diskursive Exterritorialität" eines Kerns von religiösen Gewissheiten" (2005, S. 135).

Daraus folgt für ihn: „Statt der widerwilligen Anpassung an extern auferlegte Zwänge muß sich die Religion inhaltlich auf die normativ begründete Erwartung einlassen, die weltanschauliche Neutralität des Staates, gleiche Freiheiten für alle Religionsgemeinschaften und die Unabhängigkeit der institutionalisierten Wissenschaften aus eigenen Gründen anzuerkennen" (2008b, S. 414). Das Verhältnis zwischen (religiösem) Glauben und (nachmetaphysischer) Vernunft wird also letzthin doch hierarchisch-separativ bestimmt: Einerseits wird – integrativ – für eine vielstimmige Öffentlichkeit, für komplementäre Lernprozesse geworben, in denen religiöse und säkulare Bürger gleichermaßen ein reflexives Verhältnis zu ihren Selbst- und Weltdeutungen entwickeln (2001, S. 21–25, 2005, S. 119–154), andererseits das „Prinzip der weltanschaulichen Neutralität der Staatsgewalt" dezidiert säkular gedacht. Zwar werden nicht die einzelnen religiösen Bürger*innen verpflichtet, sich im öffentlichen Disput auf säkularisierbare Überzeugungen zu beschränken. Für staatliche Institutionen und ihre Akteure gilt dagegen ein solcher Übersetzungsvorbehalt;

---

[10] Vgl. die an Habermas adressierte Kritik an einer funktionalistischen Ausbeutung der transfunktionalen Dimension des Sakralen von Eckhard Nordhofen (2020); ebenso seine weiter ausgreifende Darlegung zur transfunktional anarchischen Kraft des Glaubens: „Das Weltverhältnis des Monotheisten ist ungesättigt" (2018, bes. Kap. XIII, Zitat: S. 306).

deren Handeln ist ausschließlich durch säkulare Gründe zu rechtfertigen.

Ob oder inwiefern nun ein solches Übersetzungsprogramm wirklich geeignet ist, kirchliche Einflussressourcen neu zu erschließen – diese Frage verlangt weitere Untersuchungen: sei es, dass sie Habermas kritisch weiterdenken, wie etwa die theoretisch differenzierten Beiträge von Martin Breul (2015) und Tim Reiß (2019)[11], sei es, dass sie den nachmetaphysischen Vernunftbegriff grundsätzlich befragen, wie etwa bei Friedo Ricken (2008) und Franz-Josef Bormann (2014; mit instruktiver Bezugnahme auf das Liberalismus-Modell von Gerald F. Gauss mit seiner betont weiten Deutung öffentlicher Vernunft).[12]

Neben kommunikativer Kompetenz und glaubwürdiger Praxis sind für Reichweite kirchlicher Stellungnahmen zudem organisationsbedingte Faktoren entscheidend. Hier profitieren die katholischen Gruppen und Institute wie auch die Amtskirche von der weltweiten Präsenz des Katholizismus, zu dessen Alleinstellungsmerkmal zudem der Beobachterstatus des Heiligen Stuhls bei den Vereinten Nationen zählt. Obwohl hinsichtlich seiner völkerrechtlichen Grundlagen nicht unumstritten, unter anderem wegen der Schwierigkeit, das Verhältnis zum Vatikan-*Staat* zu bestimmen, sind die damit verbundenen privilegierten Informations- und Wirkungsmöglichkeiten faktisch akzeptiert. Sie werden zumeist auch wertgeschätzt, wenn-

---

[11] In seiner Rezension der Arbeit von Reiß kritisiert Breul (2020) dessen inklusivistische Intention als „intellektualistische Verkürzung des Glaubens", die übersieht, „dass die propositionalen Gehalte der Religion nicht isoliert von ihrer Verwurzelung in einer umfassenden religiösen Praxis allgemein verbindlich gemacht werden können" (S. 6).

[12] Vgl. hierzu auch den facettenreichen protestantischen Beitrag zu einer „Grundlegung öffentlicher als kritischer Theologie" von Torsten Meireis (2020).

gleich, wie Ralph Rotte in seiner weit ausgreifenden Studie zur Außen- und Friedenspolitik des Heiligen Stuhls differenziert darlegt, die „letztlich immer werteorientierte, ethisch-religiös begründete Friedensauffassung natürlich deutlich im Gegensatz zu stärker von historisch bedingter Skepsis und realpolitischen Grundüberzeugungen geprägten Auffassungen von Weltpolitik [steht]" (Rotte 2007, S. 270)[13].

Demgegenüber begünstigt die wachsende Bedeutung von „Global governance" – „wenn sich das institutionelle Gefüge für gesellschaftliche Partizipation öffnet oder wenn sich die Landschaft gesellschaftlicher und politischer Allianzen wandelt" (Baumgart-Ochse 2010, S. 111) – die Einwirkungsmöglichkeiten für transnational vernetzte religiöse beziehungsweise kirchliche Akteure, „sei es über Agenda-Setting-Prozesse oder durch diskursive Strategien des ‚Framings' von öffentlichen Debatten", sei es aufgrund der „Akzeptanz der Übernahme öffentlicher Aufgaben durch religiöse Akteure" (Fuchs und Engelkamp 2010, S. 2; vgl. Baumgart-Ochse 2010, S. 111–113, 2014). Diese sich weiter entfaltende Opportunitätsstruktur[14] allein garantiert freilich nicht den Erfolg religiöser beziehungsweise kirchlicher Äußerungen und Aktionen.

---

[13] Als „bleibende Probleme" identifiziert Rotte auch innerkirchliche Entwicklungen: das „keineswegs reibungslose Verhältnis von Welt- und Ortskirchen", den „augenscheinliche[n] Kontrollverlust der Amtskirche und des Heiligen Stuhls über fundamentalistische Strömungen", die allmähliche „Gewichtsverlagerung des Katholizismus auf die Südhalbkugel", außerdem „Widersprüche zwischen Kircheninteresse und der Position der Unabhängigkeit als besonderes Völkerrechtssubjekt" (wie das Beispiel der faktischen Unterstützung Kroatiens im Balkankonflikt der 1990er Jahre zeigt. 2007, S. 274 f. Vgl. auch Barbato 2014).

[14] Ihr korrespondiert in der IB-Theorie seit den 1980er Jahren eine „konstruktivistische Wende", die „mit ihrem Fokus Identitäten, Normen und Ideen auch der Erforschung religiöser Akteure und religiöser Traditionen entscheidende Impulse zu geben [vermochte]" (Baumgart-Ochse 2010, S. 103).

Er hängt ebenso von situativ kontingenten Opportunitätsfaktoren ab, wie etwa dem erwähnten „cultural match" als lokaler Resonanzbedingung normativer Ansprache. Oder davon, ob die Kosten der erhobenen Forderungen den jeweils adressierten Akteuren zumutbar erscheinen und sich geeignete „Gatekeeper" finden und mobilisieren lassen (siehe Fuchs und Engelkamp 2010, S. 11, die das Zusammenspiel dieser Faktoren am Beispiel der erfolgreichen Kampagne „Erlassjahr 2000" und des gescheiterten Welternährungsgipfels 2009 untersucht haben).

4 Perspektivische Anmerkung

Abschließend möchte ich zwei Vorschläge zur kirchlichen Diskussionspraxis umreißen, die mir in der gegebenen deutschen Situation wichtig erscheinen – in einer Situation, wo viele über die erodierende „Systemrelevanz" der Kirchen klagen, die besser jedoch mit Wolfgang Huber (2020) als „Resonanzkrise" zu beschreiben ist.

Zum einen sollten kirchliche Akteure sich weder, eher trotzig, von den anderen Stimmen im gesellschaftlichen Konzert absondern, noch ihre Kommunikations- und Handlungsweise, eher resignativ, bloß am Typus NGO orientieren. Katholisch spezifiziert: Weder „entweltlichter" Feuilleton-Katholizismus noch auf politische Kampagnen reduzierter Aktions-Katholizismus werden die beklagten Resonanzschwächen überwinden, sondern ein gewinnfrei werbendes Leben und Handeln von Christ*innen in und außerhalb ihrer Gemeinschaft(en), das zuerst sich ohne eitle Profilierungsabsicht an der Lösung anstehender Aufgaben beteiligt und dabei doch die eigene Sensibilität für Unverfügbares – für das, was sich jeder Verfügungs- und Verwertungslogik entzieht – wirken lässt (vgl. Vogt 2014, auch Rosa 2020; zur transzendenzerschließenden Aufgabe der Religionsphilosophie zum Beispiel Höhn 2013a, b). Wie das ohne unvermittelten Rekurs auf tradierte christliche Narrative möglich sein könnte, zeigt beispielhaft Herta Nagl-Docekals kantianisch Habermas-kritische Relecture von Horkheimers „Sehnsucht nach dem ganz Anderen" (2020).

Zum anderen sollten kirchliche Akteure noch stärker als bisher sich darum bemühen, eine Abwägungskultur zu profilieren, die die gängigen dualistischen Streitmuster durchbricht, dabei aber nicht in eine normativ orientierungslose, vage Einerseits-Andererseits-Rhetorik abgleitet. Es ist dringend geboten, an der Erarbeitung von Modellen „prinzipiengeleiteter Pragmatik" (Ebeling 2020; vgl. die prozessethische Überlegung in Ebeling 2006, S. 25–33; ebenso die im Kontext einer kritischen Reflexion von *Amoris laetitia* entwickelten theologisch-ethischen Anmerkungen zur „Gradualität ethischer Normen" in Bogner 2016) forciert mitzuwirken. Auch in kirchlichen Stellungnahmen ist die transparente, kategorial präzise Vermittlung von normativ grundsätzlicher Ausrichtung und kontextgemäßem Denken und Handeln durchaus entwicklungsbedürftig.

Literatur

Bätzing, Georg. 2021. „Ich will Veränderung". Ein Gespräch mit dem DBK-Vorsitzenden Georg Bätzing. *Herder-Korrespondenz* 75 (1): 16–20.

Barbato, Mariano. 2014. Licht der Welt? Der Heilige Stuhl in der postsäkularen Weltgesellschaft. In *Religionen – Global Player in der internationalen Politik?*, hrsg. von Ines-Jacqueline Werkner und Oliver Hidalgo, 111–140. Wiesbaden: Springer VS.

Baumgart-Ochse, Claudia. 2010. Religiöse Akteure und die Opportunitätsstruktur der internationalen Beziehungen. *Zeitschrift für Internationale Beziehungen* 17 (1): 101–117.

Baumgart-Ochse, Claudia. 2014. Religiöse Akteure als Beiträger zu *Global Governance*. In *Religionen – Global Player in der internationalen Politik*, hrsg. von Ines-Jacqueline Werkner und Oliver Hidalgo, 15–32. Wiesbaden: Springer VS.

Bogner, Daniel. 2016. Angedeuteter Wandel. Die Ambivalenz von „Gradualität" in Amoris laetitia. In *Amoris laetitia – Wendepunkt für die Moraltheologie?* hrsg. von Stephan Goertz und Caroline Witting, 201–223. Freiburg/Breisgau: Herder.

Bormann, Franz-Josef. 2014. Religiöse Überzeugungen und der Streit um die Grenzen der ‚öffentlichen Vernunft'. In *Bioethik und Religion. Theologische Ethik im öffentlichen Diskurs*, hrsg. von Johann Platzer und Elisabeth Zissler, 69–93. Baden-Baden: Nomos.

Breul, Martin. 2015. *Religion in der politischen Öffentlichkeit. Zum Verhältnis von religiösen Überzeugungen und öffentlicher Rechtfertigung.* Paderborn: Ferdinand Schöningh.

Breul, Martin. 2020. Das Beste aus zwei Welten? Überlegungen zu Tim Reiß' Verhältnisbestimmung einer Diskurstheorie der Demokratie zur öffentlichen Rolle der Religion. *Ethik und Gesellschaft. Ökumenische Zeitschrift für Sozialethik* 12 (1). Abrufbar unter: https://doi.org/10.18156/eug-1-2020-rez-7

Die deutschen Bischöfe. 1983. *Gerechtigkeit schafft Frieden* [GsF]. Bonn: Sekretariat der Deutschen Bischofskonferenz.

Die deutschen Bischöfe. 2000. *Gerechter Friede* [GF]. Bonn: Sekretariat der Deutschen Bischofskonferenz.

Ebeling, Klaus. 2006. *Militär und Ethik. Moral- und militärkritische Reflexionen zum Selbstverständnis der Bundeswehr.* Stuttgart: Kohlhammer.

Ebeling, Klaus. 2020. Ambivalenzen im Konzept „Friedenslogik". Eine friedens- und prozessethische Reflexion. *Sicherheit und Frieden* 38 (3): 147–152.

Emunds, Bernhard und Matthias Möhring-Hesse. 2015. Die Öko-Soziale Enzyklika. Sozialethischer Kommentar zum Rundschreiben „Laudato si'. Über die Sorge für das gemeinsame Haus" von Papst Franziskus. In *Die Enzyklika „Laudato si'. Über die Sorge für das gemeinsame Haus"* von Papst Franziskus, 219–355. Freiburg/Breisgau: Herder.

Fuchs, Doris und Stephan Engelkamp. 2010. ‚In God we trust?': Diskursive Macht religiöser Akteure in der Entwicklungspolitik. Arbeitspapier: Universität Münster, FB Erziehungswissenschaft und Sozialwissenschaften, Institut für Politikwissenschaft. Zur Verfügung gestellt in Kooperation mit SSG Sozialwissenschaften, USB Köln. https://nbn-resolving.org/um:nbn:de:0168-ssoar-257347. Zugegriffen: 7. April 2021.

Goertz, Stephan. 2014. Autonomie im Disput. Moraltheologische Überlegungen zum Anspruch auf Selbstbestimmung. *Jahrbuch für Christliche Sozialwissenschaften* 55: 105–129. Abrufbar unter urn:nbn:de:hbz:6:3-jcsw-2014–12245.

Goertz, Stephan und Caroline Witting (Hrsg.). 2016. *Amoris laetitia – Wendepunkt für die katholische Moraltheologie?* Freiburg/Breisgau: Herder.

Goertz, Stephan, Magnus Striet (Hrsg.). 2020. *Johannes Paul II. – Vermächtnis und Hypothek eines Pontifikats.* Freiburg/Breisgau: Herder.

Graulich, Markus und Johanna Rahner (Hrsg.) 2020. *Synodalität in der katholischen Kirche. Die Studie der Internationalen Theologischen Kommission im Diskurs.* Freiburg/Breisgau: Herder.

Habermas, Jürgen. 2001. *Glauben und Wissen. Friedenspreis des Deutschen Buchhandelns.* Frankfurt/Main: Suhrkamp.

Habermas, Jürgen. 2005. Religion in der Öffentlichkeit. Kognitive Voraussetzungen für den „öffentlichen Vernunftgebrauch" religiöser und säkularer Bürger. In Ders., *Zwischen Naturalismus und Religion,* 119–154. Frankfurt/Main: Suhrkamp.

Habermas, Jürgen. 2008a. Die Revitalisierung der Weltreligionen – Herausforderung für ein säkulares Selbstverständnis der Moderne? In Ders., *Kritik der Vernunft* (Philosophische Texte Band 5), 387–407. Frankfurt/Main: Suhrkamp.

Habermas, Jürgen. 2008b. Ein Bewusstsein von dem, was fehlt, In Ders., *Kritik der Vernunft. Philosophische Texte Band 5*, 408–416. Frankfurt/Main: Suhrkamp.

Heimbach-Steins, Marianne und Nils Stockmann. 2019. Ein Impuls zur „ökologischen Umkehr" – Die Enzyklika Laudato si' und die Rolle der Kirche als Chance Agent. In *Die Enzyklika Laudato si'. Ein interdisziplinärer Nachhaltigkeitsansatz,* hrsg. von Marianne Heimbach-Steins und Sabine Schlacke, 11–54. Baden-Baden: Nomos.

Hengsbach, Friedhelm, Bernhard Emunds und Matthias Möhring-Hesse (Hrsg.). 1993. *Jenseits Katholischer Soziallehre. Neue Entwürfe christlicher Gesellschaftsethik.* Düsseldorf: Patmos.

Höhn, Hans-Joachim. 2013a. Limitation und Transzendenz. Konturen eines existentialpragmatischen Religionsbegriffs. In *Das Andere des Begriffs. Hermann Schrödters Sprachlogik und die Folgen für die Religion,* hrsg. von Linus Hauser und Eckhard Nordhofen, 27–43. Paderborn: Ferdinand Schöningh.

Höhn, Hans-Joachim. 2013b. Handeln über den Tag hinaus: Zeithorizonte der Sozialethik. In *Theologie der Sozialethik*, hrsg. von Markus Vogt, 92–126. Freiburg/Breisgau: Herder.

Huber, Wolfgang. 2020. Systemrelevanz und Resonanzkrise. Warum wir der Resignation in der Kirche nur mit Innovation begegnen können. In *zeitzeichen* 12/2020: 48–51.

Internationale Theologische Kommission. 2018. Die Synodalität in Leben und Sendung der Kirche. https://vatican.va/roman_curia/congregations/cfaith/cti_documents/rc_cti_20180302_sinodalita_ge.html. Zugegriffen: 7. April 2021.

Koch, Kurt Kardinal. 2021. Offener Brief an Professor Volker Leppin (8.02.2021). https://www.vaticannews.va/de/vatikan/news/2021-02/vatikan-kardinal-koch-offener-brief-leppin-wortlaut-oekumene.html. Zugegriffen: 7. April 2021.

Kreß, Hartmut. 2001. Gemeinsame Erklärungen der katholischen und evangelischen Kirche zur Ethik. Verbindliche Lehre oder argumentative Weltorientierung? *Zeitschrift für Evangelische Ethik* 45: 121–134.

Kristof, Kora. 2010. *Models of Change. Einführung und Verbreitung sozialer Innovationen und gesellschaftlicher Veränderungen in transdisziplinärer Perspektive.* Zürich: vdf-Hochschulverlag.

Meireis, Torsten. 2020. Öffentlichkeit – eine kritische Revision. Zur Grundlegung öffentlicher als kritischer Theologie. In *Sozialethik als Kritik,* hrsg. von Michaela Becka, Bernhard Emunds, Johannes Eurich, Gisela Kubon-Gilke, Torsten Meireis und Matthias Möhring-Hesse, 125–158. Baden-Baden: Nomos.

Nagl-Docekal, Herta. 2020. Nach einer erneuten Lektüre: Max Horkheimer, *Die Sehnsucht nach dem ganz Anderen. Deutsche Zeitschrift für Philosophie* 68 (5): 659–688.

Nordhofen, Eckhard. 2018. *Corpora. Die anarchische Kraft des Monotheismus.* Freiburg/Breisgau: Herder.

Nordhofen, Eckhard. 2020. Das transfunktionale Paradox. Jürgen Habermas und die Religion. *Stimmen der Zeit* 145 (11): 849–857.

Papst Franziskus. 2015. *Die Enzyklika „Laudato si' Über die Sorge für das gemeinsame Haus".* Freiburg/Breisgau: Herder. Abrufbar unter www.vatican.va/content/francesco/de/.

Papst Franziskus. 2016. Nachsynodales Apostolisches Schreiben „Amoris laetitia". https://www.vatican.va/content/francesco/de/. Zugegriffen: 7. April 2021.

Papst Franziskus. 2020. *Die Enzyklika „Fratelli tutti" über die Geschwisterlichkeit und die soziale Freundschaft* [FT]. Freiburg i. Br.: Herder. Abrufbar unter: www.vatican.va/content/francesco/de/.

Papst Johannes XXIII. 1982 [1963]. Enzyklika „Pacem in terris" [PT]. In *Verlautbarungen des Apostolischen Stuhls (Band 23). Dienst am Frieden. Stellungnahmen der Päpste, des II. Vatikanischen Konzils und der Bischofssynode,* hrsg. vom Sekretariat der Deutschen Bischofskonferenz, 15–38. 2. Aufl. Bonn: Sekretariat der Deutschen Bischofskonferenz. – Andere Zählung in der vatikanischen Edition [VaZiff.]; abrufbar unter: www.vatican.va/content/john-xxiii/de/.

Papst Johannes Paul II. 1993. Enzyklika „Veritatis splendor". In *Verlautbarungen des Heiligen Stuhls (Band 111),* hrsg. vom Sekretariat der Deutschen Bischofskonferenz. Bonn: Sekretariat der Deutschen Bischofskonferenz. Abrufbar unter: www.vatican.va/john-paul-ii/de/.

Reiß, Tim. 2019. *Diskurstheorie der Demokratie und Religion.* Baden-Baden: Nomos.

Ricken, Friedo. 2008. Nachmetaphysische Vernunft und Religion. In *Ein Bewusstsein von dem, was fehlt. Eine Diskussion mit Jürgen Habermas,* hrsg. von Michael Reder und Josef Schmidt, 69–78. Frankfurt/M.: Suhrkamp.

Rosa, Hartmut. 2020. Wie systemrelevant sind die Kirchen? Zwischen Unverfügbarkeit und Fundamentalismus. *Herder-Korrespondenz* 74 (10): 34f.

Rotte, Ralph. 2007. *Die Außen- und Friedenspolitik des Heiligen Stuhls. Eine Einführung.* Wiesbaden: VS Verlag für Sozialwissenschaften.

Schuster SJ, Josef. 2016. Auf dem Weg zu einer neuen Gestaltung des päpstlichen Lehramtes? Amoris Laetitia und die Synodalität der Kirche. In *Amoris laetitia – Wendepunkt für die Moraltheologie?,* hrsg. von Stephan Goertz und Caroline Witting, 224–248. Freiburg i. Br.: Herder.

Vogt, Markus. 2014. Die Theo-Logik Christlicher Sozialethik. In *Bioethik und Religion. Theologische Ethik im öffentlichen Diskurs,* hrsg. von Johann Platzer und Elisabeth Zissler, 143–174. Baden-Baden: Nomos.

von Scheliha, Arnulf. 2003. „Gerechter Friede" in der Auslegung der christlichen Konfessionen. Das Wort der deutschen Bischöfe im Vergleich mit den Orientierungspunkten des Rates der EKD „Schritte auf dem Weg des Friedens". In *„Gerechter Friede" – Weltgemeinschaft in der Verantwortung. Zur Debatte um die Friedensschrift der deutschen Bischöfe,* hrsg. von Heinz-Gerhard Justenhoven und Rolf Schumacher, 104–112. Stuttgart: Kohlhammer.

Werkner, Ines-Jacqueline und Oliver Hidalgo (Hrsg.). 2014. *Religionen – Global Player in der internationalen Politik?* Wiesbaden: Springer VS.

Wissenschaftlicher Beirat Globale Umweltveränderungen. 2014. *Klimaschutz als Weltbürgerbewegung.* Sondergutachten. Berlin: Wissenschaftlicher Beirat der Bundesregierung Globale Umweltveränderung (WBGU).

Zweites Vatikanisches Konzil. 1982 [1965]. Pastorale Konstitution über die Kirche in der Welt von heute „Gaudium et spes" [GS]. In *Verlautbarungen des Apostolischen Stuhls (Band 23). Dienst am Frieden. Stellungnahmen der Päpste, des II. Vatikanischen Konzils und der Bischofssynode*, hrsg. vom Sekretariat der Deutschen Bischofskonferenz. Bonn: Sekretariat der Deutschen Bischofskonferenz.

Ethischer Pluralismus und die Friedensfrage
Protestantismus zwischen Profilierung und Orientierung – Ein Resümee

Christian Polke

Im Grunde scheint es doch ganz einfach zu sein: „Frieden gabst Du schon/Friede muss noch werden,/wie Du ihn verspricht,/uns zum Wohl auf Erden./Hilf, dass wir ihn tun,/wo wir ihn erspähen –/die mit Tränen säen,/werden in ihm ruhn." (EG 170,3) Nicht immer, aber mehr als man gewöhnlich denkt, weist auch das sog. Neue Geistliche Lied eine durchaus veritable Theologie auf. In diesem Fall wird jedenfalls gut protestantisch unter Vorzeichen der rechtfertigungstheologischen Unterscheidung von

---

Die Originalversion dieses Kapitels wurde revidiert. Ein Erratum ist verfügbar unter https://doi.org/10.1007/978-3-658-35738-2_10

C. Polke (✉)
Theologische Fakultät, Georg-August-Universität Göttingen, Göttingen, Niedersachsen, Deutschland
E-Mail: christian.polke@theologie.uni-goettingen.de

© Der/die Autor(en), exklusiv lizenziert durch Springer Fachmedien Wiesbaden GmbH, ein Teil von Springer Nature 2022, korrigierte Publikation 2022
H. Stoppel und C. Polke (Hrsg.), *Pluralität und Pluralismus in der evangelischen Friedensethik*, Gerechter Frieden,
https://doi.org/10.1007/978-3-658-35738-2_9

Gott und Mensch ausgesprochen, was auch die letzte einschlägige Denkschrift der EKD zur Friedensfrage im Titel anzudeuten versucht hat: „Aus Gottes Frieden leben" – „für gerechten Frieden sorgen." Insofern wird man mit Blick auf die unterschiedlichen, sich zum Teil widersprechenden Positionierungen innerhalb der evangelischen Kirche gegenüber konkreten friedenspolitischen Herausforderungen immerhin von einer gemeinsamen Hintergrundüberzeugung sprechen können. Mehr Konsens ist freilich bei solch tiefgreifenden ethischen wie religiösen Grundsatzfragen nicht zu erwarten. Immerhin, ein interkonfessioneller Konsens scheint sich in den Kirchen Westeuropas und Nordamerikas aufzutun, für Deutschland dürfte er ohnehin schon längere Zeit Realität beanspruchen – *„Just Peace"* als ein mindestens sekundär gewichtiges Kennzeichen der (wahren) Kirche.

Man sollte an diese scheinbaren Selbstverständlichkeiten erinnern, um zu verstehen, worum es überhaupt bei friedensethischen Streitigkeiten innerhalb des kirchlich gebundenen wie ungebundenen oder nur lose verbundenen Protestantismus mit seinen vielfältigen Akteuren, Stimmen und Gruppen geht. Nicht so sehr um die basalen Auffassungen darüber, was in der Programmformel vom „gerechten Frieden" und der Rede von der eschatologischen Größe des Schalom Gottes zum Ausdruck kommt, als vielmehr um deren je (tages-)aktuelle Umsetzung in Positionen und Stellungnahmen zu politischen Fragen der Zeit. Diese wiederum sind – anders als im Umfeld der Debatten um die nukleare Frage und Bewaffnung der 1950er bis 1980er Jahre – keineswegs mehr von einer länger währenden Halbwertszeit politischer Konflikt- wie Systemlinien geprägt, was zur Folge hat, dass auch friedensethische Stellungnahmen schon nach wenigen Jahren durch einschneidende Ereignisse oder neue Konflikte als einigermaßen überholt, um nicht zu sagen, aus der Zeit gefallen erscheinen. Auch dies könnte man an Äußerungen aus der Denkschrift von 2007 illustrieren.

Daraus resultiert in meinen Augen ein Grundtenor aller Beiträge in diesem Band. Nach diesem ergeben sich die neuen friedensethischen Kontraste innerhalb der evangelischen Kirche und Theologie (Ethik) weniger daraus, dass neue Argumente oder deutlich andersgelagerte Sichtweisen aus der Perspektive der christlichen Überlieferung die Debatte bestimmen, als vielmehr aus dem Umstand, dass die politischen, strukturellen und soziokulturellen Rahmenbedingungen sich teilweise massiv verändert haben. Das Gewicht der global agierenden Akteure – Staaten und Staatenverbünde – ist noch volatiler geworden als zu Beginn des neuen Jahrtausends. Zudem erleben wir – nicht erst seit der Pandemie – eine Rückkehr zu einer innenpolitischen Fokussierung, mit der eine milde Abkehr von transnationalen Ordnungsvorstellungen einhergeht, die Klimapolitik hoffentlich ausgenommen. Und schließlich sollte man die Auswirkungen des durch die digitalen Innovationen hervorgebrachten Strukturwandels weltweiter Öffentlichkeiten nicht unterschätzen. Diese bringen es mit sich, dass politische Fragen und Probleme sich einerseits schnell verbreiten, andererseits – dem Gesetz der Medien folgend – ebenso schnell wieder an Gewichtigkeit verlieren (können), obgleich ihre Dringlichkeit nach wie vor besteht. Das hat Folgen für die politische Legitimität von Regierungshandeln, zumal in Demokratien. Um ein besonders makabres Beispiel aus den Tagen, in denen ich diesen Zeilen schreibe, zu geben: Das Maß, mit dem die westlichen Alliierten die Wucht der Rückkehr der Taliban an die Macht in Afghanistan unterschätzt haben, ist nicht nur der Fehleinschätzung von Geheimdiensten und Diplomaten geschuldet, sondern auch Resultat eines zunehmenden Drucks seitens der eigenen (Wahl-)Bevölkerungen, dem Einsatz der eigenen Streitkräfte ein Ende zu bereiten. Dass die Folgen eines überstürzt vorgenommenen Truppenabzugs dann wiederum allenthalben Bestürzung auslösen, mindert den Umstand nicht, dass hier unter der Zustimmung der Bevölkerungen der westlichen Staaten politisch verantwortungslos gehandelt wurde, mit dem Effekt, dass erneut die afghanische Bevölkerung die Leidtragende ist.

Würde man nun an diesem Fall – und allein deshalb habe ich dieses (besonders krasse) Beispiel gewählt – die friedensethischen Maximen der derzeit konträren Stimmen innerhalb der evangelischen Kirche und Theologie anlegen, erkennt man leicht, wie wenig damit Orientierungshilfe (für die politisch wie militärisch Verantwortlichen hierzulande) gegeben wird. Polemischer formuliert: Man hat den Eindruck, vor allem hinsichtlich der jüngsten Synodalkundgebung von 2019, als richte sich diese allein und ausschließlich an einen Adressatenkreis, der sich nicht unmittelbar mit den konkret anstehenden friedenspolitischen Problemen zu beschäftigen hat. Das mag etwas unfair formuliert sein, weil natürlich die vielen Friedensinitiativen und Entwicklungshilfe-Organisationen mit kirchlichem Hintergrund der Kundgebung mit ihrer Erfahrung und Expertise vor Augen standen; gleichwohl lässt sich des Eindrucks nicht erwehren, als würden kirchliche Stellungnahmen zu ethisch-politischen Fragen der Zeit vor allem der Erwartungshaltung der (nicht nur kirchlich gebundenen) bundesdeutschen Öffentlichkeit (gegenüber den Kirchen) zu entsprechen versuchen, die vor allem eine klare Positionierung in Fragen von Krieg und Frieden erwarten; bisweilen sogar im Sinne eines Substituts angesichts unausweichlicher realpolitischer Nöte.

Damit ist ein weiterer, wichtiger Aspekt des Problemzusammenhangs von ethischem Pluralismus und Friedensfrage angesprochen. Denn mehr denn je unterliegt in einer zunehmend diverser wie segmentierter werdenden Öffentlichkeit das Gehörfinden von vormals einflussreichen Institutionen, wie den Volkskirchen, den Gesetzen der klaren Positionierung, also der Eindeutigkeit in Haltung und Meinung. Die von mancher Seite (nicht ganz zu Unrecht) geäußerte Besorgnis über eine ebenfalls zunehmende, vorschnelle Moralisierung politischer Fragen erklärt sich teilweise daraus. Hinzu kommt, dass aufgrund des massiven Schwunds an basalem Glaubenswissen sich vor allem ethische Fragen anbieten, um den eigenen, christlichen Standpunkt der weiteren Öffentlichkeit – und auch der Politik im engeren Sinne – profiliert darstellen und anbieten zu können. Nicht ganz zu Unrecht fußt darin auch ein immer noch bestehendes Aktivierungspotential der Kirchen für zivilgesellschaftliche Bewegungen über die Kirchen- und Konfessionsgrenzen hinaus. Das mag zwar den Angehörigen der professionellen Theologenzunft aufstoßen, insofern sie reflexartig in solchen Vorkommnissen die Gefahr einer Moralisierung des Glaubens erblicken, die im Grunde der basalen rechtfertigungstheologischen Einsicht einer Rettung allein aus Glauben zuwiderläuft und somit als moderne Form der Werkgerechtigkeit auftritt; doch wird man dem nicht dadurch sinnvoll begegnen können, indem man gleichsam zu einer an öffentliche Verkündigung samt theologischer Profession gebundenen Weise des kirchlichen Wächteramtes zurückkehrt.

Der ethische Pluralismus ist insbesondere den protestantischen Konfessionen und Denominationen seit jeher eingeschrieben. Dass er sich in demokratisch stabilen Gesellschaften potenziert, dürfte nicht überraschend sein. Allerdings hat insbesondere der bundesdeutsche Protestantismus – vor allem im Westen – lange Zeit von dem durch die bikonfessionelle Struktur der Gesellschaft getragenen politischem Einfluss der beiden Großkirchen profitiert. Dieser weitgehend homogen christlich geprägten Gesamtkultur verdanken die öffentlichen Stellungnahmen, inklusive Denkschriften und Synodalkundgebungen, der beiden Kirchen ihre Orientierungskraft. Nunmehr aber zeigt sich endgültig, dass die gesellschaftliche Lage eine andere geworden ist. Das eigentliche Dilemma, vor dem künftige Kundgebungen wie auch andere Formate öffentlicher Stellungnahme seitens der evangelischen Kirche(n) in Deutschland stehen, scheint mir die Frage zu sein, inwieweit sie sich als dezidierte Positionierung präsentieren und inwiefern sie ferner den einzelnen Christenmenschen und politisch Verantwortung Tragenden Orientierungshilfe bieten wollen. Beides muss sich nicht ausschließen und ist vielleicht auch je nach Lage von medialen Formaten und Textgenres abhängig. Aber man sollte nicht leichtfertig übersehen, dass eindeutige Positionierung als vorrangiges Kriterium implizit einem anderen Selbstverständnis von kirchlichem Auftrag und Auftreten in der Öffentlichkeit entspringt als die vormalig einflussreiche – und keineswegs nur positive Effekte zeitigende – Aufgabe allseitiger Orientierungshilfe im Konsensstil. Dies lässt sich im Übrigen nicht nur entlang der ekklesiologischen Typen von Volkskirche, Sekte – im Troeltsch'schen Sinne des Wortes – und Bewegung rekonstruieren, sondern auch mit Blick auf die unterschiedlichen Vorstellungen von dem, was christliches Bekennen (Bekenntnis) nicht nur beinhaltet, sondern ausmacht. Ist dieses je zeitbedingt und somit aus der Situation heraus eindeutiger zu formulieren, dadurch aber auch deutlich wandelbarer, oder sollte man es stärker als Konzentration auf zeitenübergreifende und somit traditions- wie konsenswahrende Glaubensgehalte begreifen. Diese idealtypisch zugespitzte Kontrastierung reformierter und lutherischer Auffassungen dient hier lediglich dem Zweck, die These zu untermauern, wonach der ethische Pluralismus auch und gerade in Fragen des Friedens – unterhalb der immer auch notwendigen Ebene der Konsensfindung mit Blick auf die Leitperspektive

(Stichwort: gerechter Friede) – stets eine ekklesiologische und darüber hinaus auch die Eigenart christlicher Existenz als Glaubens- und Lebensform betreffende Dimension aufweist.

Auch wenn es insbesondere bei Fragen um Leben und Tod – und die Friedensfrage ist eine solche, wenn auch eine für die Menschen hierzulande zumeist nicht unmittelbare – besonders schwer zu fallen scheint: Ethischer Pluralismus muss keine Bedrohung darstellen, sondern kann durchaus eine Bereicherung sein. Solange jedenfalls, als er den Streit offenhält, seine Protagonisten sich wechselseitig infrage stellen lassen und voneinander zu lernen gewillt sind; vor allem aber, wenn alle darum bemüht sind, in concreto Sachexpertise nicht vorschnell durch religiöse Leitmotive zu ersetzen. Ethisch betrachtet scheint eine Arbeit mit „mittleren Axiomen" geboten zu sein; d. h. mit Kriterien, die es erlauben, mehrere, zum Teil alternative Handlungsoptionen und Zielperspektiven auf ihre Triftigkeit hin zu befragen, ohne von vornherein nur für eine Seite Partei ergreifen zu müssen. Das besagt nicht, dass nicht auch bestimmte Positionen eindeutig verworfen werden könnten – etwa mit Blick auf den Einsatz von, aber vielleicht nicht auf die Drohung mit atomaren Waffen; aber es bedeutet sehr wohl, sich der Ambivalenz und Ambiguität unseres menschlichen Lebens in der Welt und aller unserer Werte und Orientierungsgrößen bewusst zu bleiben. Meta-ethisch betrachtet ist dies die methodologische Umsetzung einer prägnant gehaltenen Idee von der Universalität der Sünde abseits jedweder vorschneller Moralisierung.

Ein in sich plural gestimmter und plural agierender Protestantismus kann es zulassen, dass die einen Stimmen und Bewegungen sich eindeutiger und in Form klar wahrnehmbarer Aktionen (Stichwort: Rettungsschiff) positionieren, wohingegen andere Organe und Gremien mehr der umfassenderen, d. h. auch abgewogeneren Orientierungshilfe dienen. Jedenfalls solange, als beide Seiten einander kritisch wie konstruktiv im Auge, d. h. in Sichtweite behalten. Mag sein, dass erstere den Gesetzen unserer Mediengesellschaft gemäß es leichter haben werden, in der Öffentlichkeit Gehör zu finden und für Kirche und ihre christliche Botschaft zu werben. Aber man sollte darüber hinaus nicht übersehen, dass dies nicht in gleichem Maße für die politische Exekutive wie Legislative gilt. Hier sind andere Weisen der Bekundung, konkret der Beratung von Nöten. Ethischer Pluralismus zeigt sich somit mehr denn je in der Pluralität sozialer Praktiken, die – wenn es gelingt – gleichwohl allesamt von einem gemeinsamen Interesse oder auch von einem gemeinsamen Anliegen, von Werten und Haltungen des Glaubens geprägt sind, das bzw. die allerdings über alle Differenzen hinweg ihrer eigenen Artikulation zur eigenen Vergewisserung bedürfen.

Der eingangs zitierte Vers entstammt einem Segenslied, das seinen Ort am Ende des Gottesdienstes hat, welches aber gleichermaßen auch auf einem (ökumenischen) Pilgerweg des Friedens oder aber auf einer Demo seinen Platz finden könnte. Jenseits aller Detailarbeit an konkreten friedensethischen Maximen und friedenspolitischen Optionen stellt es die mitunter divergierenden Positionen und Akteure in einen gemeinsamen Horizont, von dem der Apostel bekannt hat: sein Friede sei „höher als alle Vernunft" (Phil 4,7).

Erratum zu: Ethischer Pluralismus und die Friedensfrage

Christian Polke

**Erratum zu:
Kapitel „Ethischer Pluralismus und die Friedensfrage" in: H. Stoppel und C. Polke (Hrsg.),** *Pluralität und Pluralismus in der evangelischen Friedensethik,* **Gerechter Frieden, https://doi.org/10.1007/978-3-658-35738-2_9**

Für dieses Buch wurden Korrekturen im Kapitel „Ethischer Pluralismus und die Friedensfrage" vorgenommen. Das Abstract im Kapitel „Ethischer Pluralismus und die Friedensfrage" wurde vollständig eingesetzt.

Die korrigierte Originalversion des Kapitels finden sie unter
https://doi.org/10.1007/978-3-658-35738-2_9

© Der/die Autor(en), exklusiv lizenziert an Springer Fachmedien
Wiesbaden GmbH, ein Teil von Springer Nature 2022
H. Stoppel und C. Polke (Hrsg.), *Pluralität und Pluralismus
in der evangelischen Friedensethik,* Gerechter Frieden,
https://doi.org/10.1007/978-3-658-35738-2_10

Milton Keynes UK
Ingram Content Group UK Ltd.
UKHW010656140324
439439UK00016B/1805